Jorge de Sena

© Bazar do Tempo, 2019
© Herdeira de JORGE DE SENA, 2019

Todos os direitos reservados e protegidos pela Lei n. 9.610, de 19.2.1998.

É proibida a reprodução total ou parcial sem a expressa anuência da editora.

Nesta edição, os textos da organizadora e de Eduardo Lourenço respeitam o Acordo Ortográfico da Língua Portuguesa de 1990, em vigor no Brasil desde 2009.
Os poemas de Jorge de Sena estão apresentados em sua grafia original.

EDIÇÃO
Ana Cecilia Impellizieri Martins

ASSISTENTE EDITORIAL
Catarina Lins

PROJETO GRÁFICO
Dupla Design

PINTURA DA CAPA
Gabriela Machado
Pendurei o rosa, 2016
Óleo sobre linho, 36 x 28 cm
[Foto: Pat Kilgore]

FOTO JORGE DE SENA
Fernando Lemos

FOTO P.252
Cidade do Porto / Getty Images

REVISÃO
Mariana Gonçalves

IMPRESSÃO
Gráfica Stamppa

CIP-BRASIL. CATALOGAÇÃO NA PUBLICAÇÃO
SINDICATO NACIONAL DOS EDITORES DE LIVROS, RJ

S477n

Sena, Jorge de, 1919-1978
Não leiam delicados este livro : 100 poemas de Jorge de Sena / Jorge de Sena ; seleção e apresentação Gilda Santos. - 1. ed. - Rio de Janeiro : Bazar do Tempo, 2019.
252 p.

ISBN 978-85-69924-62-3

1. Poesia portuguesa. I. Santos, Gilda. II. Título.

19-59205   CDD: P869.1
                CDU: 82-1(081.1)(469)

Vanessa Mafra Xavier Salgado - Bibliotecária - CRB-7/6644

Rua General Dionísio, 53 – Humaitá
22271-050 – Rio de Janeiro – RJ
contato@bazardotempo.com.br
www.bazardotempo.com.br

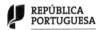

Edição apoiada pela Direção-Geral do Livro, dos Arquivos e das Bibliotecas / Portugal

Não leiam delicados este livro

100 POEMAS DE
Jorge de Sena

organização
GILDA SANTOS

ensaio
EDUARDO LOURENÇO

Para Mécia de Sena –
absoluta generosidade
sobre paixão absoluta

coordenação da Coleção Atlântica
SOFIA DE SOUSA SILVA

COLEÇÃO ≈ ATLÂNTICA

Dedicada a reunir expoentes de diferentes gerações e vertentes, a Coleção Atlântica busca apresentar no Brasil um panorama do melhor da poesia portuguesa. As edições são organizadas por especialistas e acompanhadas de ensaios e notas explicativas que promovem uma abertura para a obra desses poetas assim como um aprofundamento de leituras.

GILDA SANTOS

Professora de Literatura Portuguesa na Universidade Federal do Rio de Janeiro (UFRJ) e vice-presidente do Real Gabinete Português de Leitura. Dedicou seu doutorado e pós--doutorado a pesquisas sobre a obra de Jorge de Sena, tema de antologias que organizou e de outros numerosos trabalhos que publicou, entre eles os livros *Jorge de Sena em rotas entrecruzadas* (1999) e *Jorge de Sena: Ressonâncias e cinqüenta poemas* (2006).

Jorge de Sena
(1919-1978)

Escritor português, de obra vastíssima que inclui poesia, ficção, teatro e ensaio. Engenheiro de formação, exilou-se no Brasil em 1959 fugindo da ditadura salazarista e aqui se tornou professor universitário e cidadão brasileiro. Em 1965, após o golpe militar, transferiu-se para os Estados Unidos, lecionando nas universidades de Wisconsin e da Califórnia, onde faleceu. É um dos mais importantes intelectuais portugueses do século XX.

Sumário

14 **Apresentação** Não leiam delicados Jorge de Sena
GILDA SANTOS

36 Sobre esta antologia

≈

Poemas de Jorge de Sena

40 Perseguição – 1942

41 PRÉ-HISTÓRIA
42 LEPRA
43 ASCENSÃO
44 ETERNIDADE

45 Coroa da Terra – 1946

46 OS TRABALHOS E OS DIAS
47 ESPIRAL
48 UM EPÍLOGO
49 IDEÁRIO PARA A CRIAÇÃO
50 GLÓRIA

51 Pedra filosofal – 1950

52 OS PARAÍSOS ARTIFICIAIS
53 ...DE PASSAREM AVES
54 ODE PARA O FUTURO
55 ODE À INCOMPREENSÃO
57 "NÃO SEI, MEUS VERSOS..."
58 GLOSA À CHEGADA DO INVERNO
59 "Ó DOCE PERSPICÁCIA..."
60 ODE AO DESTINO

62 As evidências – 1955

63 I – ("AO DESCONCERTO HUMANAMENTE ABERTO")
64 II – ("DESTA VERGONHA DE EXISTIR OUVINDO")
65 VIII – ("AMO-TE MUITO, MEU AMOR, E TANTO")
66 X – ("RÍGIDOS SEIOS DE REDONDAS, BRANCAS")
67 XXI – ("CENDRADA LUZ ENEGRECENDO O DIA")

68 Fidelidade – 1958

69 EPÍGRAFE PARA A ARTE DE FURTAR
70 FIDELIDADE
71 EPITÁFIO
72 GLOSA À CHEGADA DO OUTONO
73 METAMORFOSE
75 "QUEM A TEM..."
76 UMA PEQUENINA LUZ
78 "COMO DE VÓS..."

79 Post-scriptum – 1961

80 OS SOLDADOS DE CHUMBO E A ETERNIDADE
81 POST-SCRIPTUM
82 "COMO QUEIRAS, AMOR..."

84 Metamorfoses, seguidas de quatro sonetos a Afrodite Anadiómena – 1963

85 GAZELA DA IBÉRIA
87 ARTEMIDORO
90 A NAVE DE ALCOBAÇA
92 RETRATO DE UM DESCONHECIDO
94 CAMÕES DIRIGE-SE AOS SEUS CONTEMPORÂNEOS
96 "A MORTA", DE REMBRANDT
100 "O BALOUÇO", DE FRAGONARD

102 TURNER
104 "A CADEIRA AMARELA", DE VAN GOGH
107 CARTA A MEUS FILHOS SOBRE OS FUZILAMENTOS
DE GOYA
112 DANÇARINO DE BRUNEI
114 A MORTE, O ESPAÇO, A ETERNIDADE
119 QUATRO SONETOS A AFRODITE ANADIÓMENA
119 I - Pandemos
120 II - Anósia
121 III - Urânia
122 IV - Amátia

124 Arte de música – 1968
125 "LA CATHÉDRALE ENGLOUTIE" DE DEBUSSY
128 BACH: VARIAÇÕES GOLDBERG
131 FANTASIAS DE MOZART, PARA TECLA
133 "REQUIEM" DE MOZART
136 A MORTE DE ISOLDA
138 MAHLER: SINFONIA DA RESSURREIÇÃO
139 A PIAF

141 Peregrinatio ad loca infecta – 1969
142 "QUEM MUITO VIU..."
143 GLOSA DE GUIDO CAVALCANTI
144 TENTAÇÕES DO APOCALIPSE
145 AMOR
146 EM CRETA, COM O MINOTAURO
150 À MEMÓRIA DE KAZANTZAKIS, E A QUANTOS
FIZERAM O FILME "ZORBA THE GREEK"
154 NOUTROS LUGARES
156 HOMENAGEM A TOMÁS ANTÓNIO GONZAGA
157 CHARTRES OU AS PAZES COM A EUROPA
159 VILA ADRIANA
160 GANIMEDES

162 Exorcismos – 1972

163 AVISO DE PORTA DE LIVRARIA
164 ARTE DE AMAR
165 "POUCO A POUCO…"
166 NATAL 1971
168 ANO SANTO EM SANTIAGO
169 BALADA DO ROER DOS OSSOS
171 L'ÉTÉ AU PORTUGAL

173 Camões dirige-se aos seus contemporâneos – 1973

174 CAMÕES NA ILHA DE MOÇAMBIQUE

178 Conheço o sal… e outros poemas – 1974

179 NOCTURNO DE LONDRES
180 CAFÉ CHEIO DE MILITARES EM LUANDA
182 RAÍZES
184 À MEMÓRIA DE ADOLFO CASAIS MONTEIRO
187 DIÁLOGO MÍSTICO
188 MADRUGADA
189 FILMES PORNOGRÁFICOS
191 "DIZ-ME, SILÊNCIO…"
192 "QUANDO PENSO…"
193 DO MANEIRISMO AO BARROCO
195 "ESTÃO PODRES AS PALAVRAS…"
196 "QUANDO O POETA…"
198 "TU ÉS A TERRA…"
199 "CONHEÇO O SAL…"

200 Sobre esta praia… Oito meditações à beira do pacífico – 1977

201 I - "SOBRE ESTA PRAIA ME INCLINO…"
203 VIII - "UM FÓSFORO LANÇADO AO CHÃO…"

Livros póstumos

206 40 anos de servidão – 1979

207 ODE A RICARDO REIS
208 POEMA APÓCRIFO DE ALBERTO CAEIRO
209 ODE AOS LIVROS QUE NÃO POSSO COMPRAR
211 A PORTUGAL
213 DEDICATÓRIA
215 CANTIGA DE ABRIL
218 "MORREU DOM FUAS…"
220 AVISO A CARDÍACOS E OUTRAS PESSOAS ATACADAS
DE SEMELHANTES MALES

223 Sequências – 1980

224 RAY CHARLES

226 Visão perpétua – 1982

227 O DESEJADO TÚMULO
229 "QUANDO HÁ TRINTA ANOS…"
231 "TAL COMO TANTOS VERSOS…"

≈

232 Evocação de Jorge de Sena
EDUARDO LOURENÇO

Não leiam delicados Jorge de Sena

GILDA SANTOS

[1]

Nascido em Portugal, de pais portugueses,
e pai de brasileiros no Brasil,
serei talvez norte-americano quando lá estiver.

Os versos iniciais do conhecido poema "Em Creta com o Minotauro"[1] emblematizam a forte presença do autobiográfico na poesia de Jorge de Sena – primeiro mote para este preâmbulo.

Efetivamente, Jorge de Sena, filho de pais portugueses, nasceu em Lisboa, a 2 de novembro de 1919 e aí viveu até 1959. Relembrando que o regime salazarista teve início em fins da década de 1920 e só se extinguiu a 25 de abril de 1974, com a chamada Revolução dos Cravos, pode-se dizer que o jovem Sena não conheceu em sua terra outro governo senão o ditatorial – assertiva basilar para o entendimento de parte relevante de sua obra. E não será difícil deduzir a insubmissão do escritor a tal conjuntura, idêntica à da quase totalidade dos intelectuais de seu tempo.

Educado dentro dos conceitos pedagógicos do Estado Novo, cedo conhecerá seus desmandos. O primeiro embate com o poder vigente deu-se aos 17 anos, ao ser excluído da Marinha, por razões até hoje nebulosas, depois

---

[1] Do livro *Peregrinatio ad loca infecta* (ver p. 141).

de ter sido admitido, seis meses antes na Escola Naval, com as melhores notas de sua classe. Tudo se passa entre setembro de 1937 e março de 1938, meses extremamente marcantes num contexto europeu e particularmente ibérico. Convencido da injustiça sofrida (cujas repercussões são inúmeras em sua obra), escreve num poema deixado inédito: "Hoje, menos que dantes, eu sou nada/ porque fui saído de onde me subira".[2] Assim, impedido de prosseguir na almejada carreira militar, e tendo suas outras opções profissionais – a Marinha Mercante e o curso de Letras – rejeitadas pela família, deriva para a Engenharia Civil, vindo a formar-se em 1944.

Outro embate digno de nota ocorreu em 1945, quando cumpria o serviço militar e subscreveu um abaixo-assinado, de âmbito nacional, exigindo eleições livres, pois há muito clamava (ainda que em grito mudo) "Não hei-de morrer sem saber qual a cor da liberdade."[3] Só não foi deportado para a tristemente famosa prisão do Tarrafal, em Cabo Verde, verdadeiro campo de concentração para prisioneiros políticos, por instâncias amigas de Ribeiro Couto, o escritor brasileiro que então exercia missão diplomática em Lisboa, junto a Salazar.

Por fim, depois de atuar, sempre como "marxista apartidário", em sigilosas atividades oposicionistas de várias filiações, participa ativamente, em 1959, do frustrado "Golpe da Sé", previsto para eclodir na madrugada de 11/12 de

---

[2] Poema "Confuso", datado de 13/4/1938, publicado em *Post-Scriptum II* – 1º vol.

[3] Poema "Quem a tem..." (ver p. 75).

março desse ano, mas abortado, ao que tudo indica, por uma denúncia. Tomou esse nome por ser a Sé de Lisboa o local escolhido pelos numerosos conspiradores para muitas de suas reuniões, que congregavam civis e militares, de diversos estratos sociais e de várias correntes políticas, mas irmanados pelo projeto comum de derrubar Salazar. Se vitória houvesse, Sena era o indigitado "ministro das Obras Públicas" no novo governo. Gorada a operação, sucedem-se as demissões, perseguições e prisões de muitos dos envolvidos. Pressentindo sua segurança altamente ameaçada (era funcionário público, na Junta Autónoma de Estradas) e sabendo-se o esteio de sua casa, Sena aceita convite para participar do 4º Colóquio Internacional de Estudos Luso-Brasileiros, promovido pela Universidade da Bahia, e deixa sua terra em agosto desse ano, iniciando pelo Brasil um exílio voluntário, no qual praticamente sempre viveu.

Reiteradamente Sena afirmou "fui sempre um exilado, mesmo antes de sair de Portugal" e não é difícil compreender a justeza da frase quando se pensa em alguém com sensibilidade, inteligência e solidez ética submetido a tempos obscurantistas, com seu cortejo de repressão, censura, violência, arbitrariedade. "A minha terra não é inefável./ A vida da minha terra é que é inefável./ Inefável é que não pode ser dito".[4] Assim, por contestar o ideário do regime, sua obra muito revela do sentir-se frustrado, aviltado, *displaced*, espoliado de direitos tão vitais como a liberdade.

[4] Do poema "Os paraísos artificiais" (ver p. 52).

Apesar de tudo, é nesse tempo português que constitui sua numerosa família: casa-se em 1949 com Maria Mécia de Freitas Lopes, filha do músico e folclorista Armando Leça e irmã do professor e crítico literário Óscar Lopes, e com ela tem sete filhos portugueses. A essa companheira da vida toda, a fértil "terra em que pouso[u]" – "Terra humana/ em que me pouso inteiro e para sempre"[5] – devem o autor e seus leitores um zeloso e infatigável trabalho de organização e publicação da obra seniana.

É também nesses sofridos primórdios portugueses que lança os alicerces de sua obra. Sena começa a ler aos três anos de idade e aos quatro já sabe escrever. Leitor voraz e aluno aplicado – quer nos estudos regulares, quer nos de música –, aos 16 anos escreve seu primeiro poema, compelido pelo impacto que a audição do prelúdio "La Cathédrale Engloutie", de Debussy, lhe provocou, conforme referiu várias vezes e consagrou no poema de igual título: "Creio que nunca perdoarei o que me fez esta música. [...] Música literata e fascinante,/ nojenta do que por ela em mim se fez poesia,/ esta desgraça impotente de actuar no mundo,/ e que só sabe negar-se e constranger-me a ser/ o que luta no vácuo de si mesmo e dos outros." Esse surgimento da poesia (no ano crucial de 1936, com a Guerra Civil Espanhola ao fundo) se faz acompanhar de exercícios narrativos que logo evoluem para contos[6] e, a seguir, para múltiplas formas de escrita, onde avul-

[5] Do poema "Tu és a terra..." (ver p. 198)

[6] Os primeiros contos "O paraíso perdido" e "Caim" datam de 1937 e 1938, respectivamente, e hoje estão reunidos em livro sob o título *Génesis*.

tará o ensaísmo. O ingresso no mundo universitário, e primordialmente na Faculdade de Engenharia do Porto, abriu-lhe um profícuo convívio intelectual (José Blanc de Portugal, Casais Monteiro, Ruy Cinatti são alguns de seus assíduos interlocutores), que, rapidamente o conduziu às tribunas como conferencista (sistematicamente espreitado pela PIDE[7]), às páginas de periódicos (com intensa participação quer como poeta, quer exercitando várias modalidades de crítica) e, enfim, aos próprios livros, sendo *Perseguição*, de 1942, o de sua estreia em poesia, já com dicção inconfundível. Tudo em paralelo com as funções de engenheiro civil. Ele próprio resumiu tamanha produtividade numa auto apresentação[8]:

Ensaísta, dramaturgo, contista, crítico e historiador da cultura etc., tem várias obras publicadas em volume e larga colaboração dispersa por jornais e revistas, sendo de destacar: *Seara Nova*, onde exerceu a crítica teatral, *O Comércio do Porto*, *Portucale*, *Mundo Literário*, *O Primeiro de Janeiro*, *Árvore* etc. Um dos fiéis colaboradores de *Unicórnio*[9] e números subsequentes, foi o animador e co-director das 2ª e 3ª séries de *Cadernos de Poesia*[10], em cuja 1ª série já colaborara. Dedicou-se largamente a traduções de poesia e de romance.

[7] Sigla de *Polícia Internacional e de Defesa do Estado*, a polícia política.

[8] Na antologia *Líricas portuguesas* I – 2ª ed.

[9] *Unicórnio*, *Bisórnio*, *Trisórnio*, *Tetracórnio* e *Pentacórnio*: revistas vanguardistas dos anos 50, de publicação irregular, dirigidas por José-Augusto França.

[10] Revista editada em várias "séries", vários momentos e vários organizadores, que tinha como lema "A poesia é só uma", visando a congregar autores de várias tendências.

Assim, é como escritor com espaço bem demarcado em Portugal que, perto de completar os quarenta anos, dá seu corajoso salto sobre o Atlântico. No Brasil da era Juscelino Kubitschek, de plena liberdade, vive algo como a explosão de um possante manancial até então comprimido. De fato, impressiona o volume de sua "fase brasileira": em poesia, compõe cerca de 120 poemas; na ficção, o romance inacabado *Sinais de fogo* (que hoje circula com seiscentas páginas impressas), a novela *O físico prodigioso* e uma trintena de contos; um punhado de peças teatrais em um ato e, dentre outra ensaística, as suas notáveis teses camonianas.

Somada à atividade de escritor, Jorge de Sena inaugura no Brasil, com igual intensidade, duas outras: a da docência universitária e a da explícita ação política. A primeira foi exercida, já desde outubro de 1959, na recém--criada Faculdade de Filosofia, Ciências e Letras de Assis, lecionando Teoria da Literatura e Introdução aos estudos literários. Depois, a partir de agosto de 1961, transfere-se para a sua congênere de Araraquara, à frente do programa de Literatura Portuguesa. Colabora ainda na Universidade de São José do Rio Preto. Todas elas "braços" da Universidade de São Paulo (USP), em expansão pelo interior do estado, e que integram hoje a UNESP. Em Assis, por mais de um ano, dividiu o gabinete de trabalho com Antonio Candido, que, em depoimento sobre "memórias afetivas", em um vídeo acessível na *web*, afirma[11]:

[11] Disponíveis em: < https://www.youtube.com/watch?v=GM4YaZeMnrE > e < https://www.youtube.com/watch?v=7qDLD9QIDtk >. Acesso em agosto de 2019.

Havia certamente no Jorge de Sena uma faísca de gênio. Ele tinha uma capacidade de assimilar e transmitir que lhe permitiu, por exemplo, transformar-se rapidamente num grande professor – coisa que ele não tinha sido. [...] Isso se explica não só pela extraordinária versatilidade em profundidade como, é claro, pela prodigiosa inteligência dele, ligada a uma capacidade de expressão raríssima – foi um dos homens que vi que se exprimiam melhor, com mais elegância, que se exprimiam com mais força. [...] Realmente extraordinária a rapidez de raciocínio e a capacidade de articulação mental que ele tinha.

A vida acadêmica o obriga à pesquisa e esta o faz mergulhar em Camões. O Camões que tantas vezes moldará como personagem ou citará em sua poesia e que, não raro, tomará como *alter ego*: "É aí que eu quero reencontrar-me de ter deixado/ a vida pelo mundo em pedaços repartida, como dizia/ aquele pobre diabo que o Minotauro não leu, porque,/ como toda a gente, não sabe português."[12] Eis porque, também pressionado a obter grau compatível com suas funções, será com a tese *Os sonetos de Camões e o soneto quinhentista peninsular*, defendida em outubro de 1964, em Araraquara, que obtém, *summa cum laude*, o Doutorado em Letras e a Livre-Docência em Literatura Portuguesa.

No tópico da consciência e ação política, mal chega a São Paulo, Sena adere, certamente por influência dos ve-

[12] Do poema "Em Creta com o Minotauro" (ver p. 146).

lhos amigos Adolfo Casais Monteiro e Fernando Lemos, ao grupo de portugueses exilados que gravitavam em torno do jornal *Portugal Democrático*, fundado em 1956 e ligado à vasta rede clandestina internacional: apesar das várias colorações políticas, o ferrenho antisalazarismo cimentava a união. Em espaços paulistanos, Sena aderiu ainda a outros organismos similares, como o Centro Republicano Português e a Unidade Democrática Portuguesa, porém é nos mais de trinta artigos que publicou nesse periódico mensal que podemos captar a amplitude e profundidade de sua reflexão sobre aquele deplorável Portugal continental e ultramarino, bem como avaliar suas propostas de mudança nesse panorama criticamente observado à distância, então liberto da necessidade de criptografar sua escrita. É aí, em textos que vão do sarcasmo colérico à análise meticulosa dos fatos, que podemos perceber a relação simultânea de amor e ódio que sempre manteve com sua pátria. Simplificando as incontáveis implicações entre os dois sentimentos: amor desmedido por ser a terra de muitos de seus afetos, por ser o berço da cultura e da história cujos valores sempre enalteceu e ainda por tudo o que, conhecendo-a profundamente, ela poderia ser. Ódio abissal pelo que nas circunstâncias desse presente, à sombra de um rato[13] chamado Salazar, detecta de negativo, sórdido, vil, medíocre: "És cabra, és badalhoca/ és mais que cachorra pelo cio,/ és peste e fome e guerra e dor de coração"[14].

[13] "Some-te rato!" e "O rato e as bandeirinhas" são duas sardônicas catilinárias contra Salazar, escritas por Sena e publicadas no *Portugal Democrático* sem assinatura.

[14] Do poema "A Portugal" (ver p. 211).

Recuperando o mote e completando o painel brasileiro, vale lembrar que, efetivamente, Sena foi "pai de brasileiros no Brasil", pois Maria José e Nuno nasceram em Araraquara, a perfazer os nove filhos do casal Mécia e Jorge. Já o verso "serei talvez norte-americano quando lá estiver" não se consubstanciou: incontornáveis exigências burocráticas do mundo universitário o levaram a pedir a cidadania brasileira, sendo a naturalização obtida em 1963 e mantida até o fim da vida.

Datado de julho de 1965, "Em Creta com o Minotauro" é um dos últimos poemas que Sena escreve no Brasil, às vésperas de sua partida para Madison, Wisconsin, Estados Unidos. E, tal como "Carta a meus filhos sobre os fuzilamentos de Goya" (p. 107), tem caráter testamental. No poema de 1959, o salto no escuro que estava prestes a dar, fugindo de ares irrespiráveis, leva-o ao registro de um legado sobre o respeito pelo outro, a tolerância e a "dignidade humana" aos herdeiros que deixava na distância. Agora, seis anos depois e na outra margem do oceano, constatando em torno de si o assomar dos mesmos rituais persecutórios que bem conhecia, seu poema-legado reflete a descrença no humano e a busca de uma mítica Pasárgada como alternativa irônica, posto que a compreensão que antes pregara está longe de existir: "raiva que tenho de pouca humanidade neste mundo/ quando não acredito em outro, e só outro quereria que/ este mesmo fosse. Mas, se um dia me esquecer de tudo,/ espero envelhecer/ tomando café em Creta/ com o Minotauro/ [...] O Minotauro compreender-me-á.". Como se sabe, a causa da partida e de tamanho pessimismo é histórica: o golpe militar de 1964, "ou a salvação do Brasil em 1º de abril" (como subintitulará um poema[15]).

Uma vez consolidada a sua posição de docente universitário e de ensaísta copioso em publicações, o convite-escape para lecionar numa conceituada universidade americana abriu-lhe portas que potencializou em todos os campos. Tanto durante sua permanência em Madison (até 1970), como em Santa Barbara, Califórnia (1970-78), são incontáveis suas participações em encontros internacionais de alto nível, nos Estados Unidos e na Europa, predominantemente sobre temas da cultura em língua portuguesa e literatura comparada. Esses últimos treze anos de sua vida decorreram sob o signo das "andanças", largamente registradas em sua poesia, sobretudo nos livros *Peregrinatio ad loca infecta, Exorcismos* e *Conheço o sal...* (1974). Em meio a tanta produtividade – poética, ficcional e ensaística – foi tempo também de algum reconhecimento para este "escritor português, cidadão brasileiro e professor norte-americano", como então gostava de se apresentar. Dentre outras honrarias, em 1977, recebe na Sicília o Prêmio Internacional de Poesia Etna-Taormina e, no mesmo ano, é o orador oficial (dividindo holofotes com Vergílio Ferreira) do primeiro Dia de Camões e das Comunidades Portuguesas celebrado após o 25 de abril.

[15] Poema "Os nocturnos merecem respeito, ou a salavação do Brasil em 1º de Abril", de *Peregrinatio ad loca infecta*.

[16] Do poema "Quem a tem..." (ver p. 75).

O convite partiu do próprio presidente Ramalho Eanes e foi apoteótica (e "comovente", como confessou) a acolhida que teve na cidade da Guarda, palco do festejo.

Desses regressos a Portugal, dois destaques. Às vésperas do Natal de 1968, o primeiro depois de nove anos da partida. Vinha da Espanha e foi preso na fronteira. Só foi liberado, 24 horas depois, graças à intervenção de amigos junto ao próprio Marcelo Caetano. Se dúvidas houvesse sobre a sua condição de exilado.

O outro, em 1974, logo após a Revolução dos Cravos. A notícia recebida em Santa Barbara deixou-o eufórico, como comprovam os seis poemas que quase imediatamente compôs. O primeiro, "Cantiga de Abril", com o refrão "Qual a cor da liberdade? É verde, verde e vermelha" glosa seu famoso poema dos anos 1950 cujo início é "Não hei-de morrer sem saber/ qual a cor da liberdade."[16] Mas só lhe foi possível viajar nas férias de verão. Veja-se o comentário de Mécia de Sena[17]:

No 25 de Abril vivemos dias dependurados do rádio e da televisão e o seu primeiro impulso foi: "Vamos para Portugal". Eu é que não deixei. [...] Ele não foi, porque, de facto não tínhamos dinheiro para a viagem, quanto mais para ficar em Portugal. Viver de quê. Mas no Verão, o Jorge foi entusiasmadíssimo. Ainda me escreveu em Agosto dizendo "o ambiente é muito bom, as pessoas estão muito animadas, vai-se fazer muita coisa". Foi depois para a Espanha e a

[17] Fragmento do livro memorialista *Flashes*, inédito.

França e em setembro voltou a Lisboa. E para surpresa minha, telefonou-me um dia do aeroporto de Santa Barbara quando eu esperava que ficasse mais oito dias em Portugal. Ao vê-lo entrar em casa fiquei horrorizada. Vinha transtornado… "A Revolução acabou. Só há ódio naquele país", disse-me ele. A partir daí ele nunca mais foi o que era. É evidente que já estava doente, mas a verdade é que não era essa a causa de seu abatimento. Foi o momento em que ele se concedeu. Passou a uma atitude de escapismo para mim inteiramente nova. O Jorge que dormia habitualmente entre cinco e seis horas, não mais, passou a dormir, durante largo tempo, cerca de 16 horas, mantendo-se num estado depressivo, de desânimo.

Quatro anos depois, a 4 de junho de 1978, morre Jorge de Sena, vítima de câncer pulmonar, descoberto depois de "um gravíssimo ataque de coração". Tudo indica que não chegou a saber, tão completamente como ansiava, qual a cor da liberdade em sua terra. Porém, ela finalmente o acolhe em setembro de 2009, com a trasladação solene de seus restos mortais de Santa Barbara para Lisboa.

|2|

De amor e de poesia e de ter pátria aqui se trata[18]

Não faltam na obra de Jorge de Sena poemas que refletem sobre o fazer poético, que explicitam seu ideário, que questionam a recepção de seus versos... Neste viés metalinguístico, será "Aviso de porta de livraria" o que fixa sucintamente seus grandes pilares temáticos: amor, poesia, pátria.

Amor, amor, amor... "Tão descrito como um poeta cerebral e frio, prezo-me de ter composto, bons ou maus, alguns dos poemas de amor mais rudemente sensuais do meu tempo"[19], declara o próprio autor, no que é corroborado por Eduardo Lourenço: "Não lhe foi decerto fácil abrir caminho para esse território desde sempre aberto e não falado que Eros demarca"[20].

A emergência da palavra erótica, sagrando a pulsão vital que Eros traduz, ocupa significativos espaços na totalidade da obra de Sena. Contudo é na poesia que o amor-indissociável-do-sexo, "o sexo em tudo visto"[21], com seu elenco de signos sensoriais/sensuais, pulsa em ritmos

[18] Do poema "Aviso de porta de livraria" (ver p. 163).
[19] Prefácio à 1ª edição de *Poesia I*, 1960.
[20] Depoimento pessoal anotado.
[21] Poema "Pouco a pouco...", do livro *Exorcismos*.

e respirações reconhecíveis por quantos experimentem as artes ousadas do camoniano "fogo que arde sem se ver". E, nesse campo amoroso, Camões é matriz claramente assumida por Sena: como não ler, por exemplo, "segundo o amor tiverdes, / tereis o entendimento de meus versos" a repercutir em "E quem de amor não sabe fuja dele"?[22]

Sem medo da força das palavras e da energia dos corpos, decidido a "penetrar em recessos de amor para que [outros] são castrados"[23] promove Sena, na sinuosidade erógena dos versos, a fertilização de uma linguagem sempre à beira do desgaste e sempre pronta a incessante renovação. Portanto, no fazer poético e no fazer amor – artes que se aprendem e se refinam – dá-se o resgate do "caráter sagrado de todo o sexual". Sagrado que lhe permite rasurar a palavra bíblica: "Ao princípio não era o Verbo, não era a Acção, não era nada do que se tem dito. Ao princípio [...] era o Sexo, quando o Homem (ou seja, a espécie humana) o descobriu enquanto tal"[24]. Variações em torno desse eixo despontam em "Ó doce perspicácia dos sentidos!", no soneto X de As evidências ("Rígidos seios..."), na magnífica página de cartilha libertina que é "'O Baluço', de Fragonard". E ainda em "A morte de Isolda", "Amor", "Arte de amar", "Conheço o sal...", entre outros.

Bem sabemos que o objeto do amor pode ter inúmeras feições, e que o amor pode manifestar-se de incalculá-

[22] Desse mesmo poema-limiar "Aviso de porta de livraria".

[23] Do poema "Camões dirige-se aos seus contemporâneos" (ver p. 94).

[24] Em Transformações e metamorfoses do sexo, Porto, O oiro do dia, 1980 - texto que acompanha desenhos de José Rodrigues.

veis modos. Assim, quando Sena se declara "apaixonado sempre de arte, e sobretudo de pintura"[25], e confessa "a alegria que sinto, no Museu Britânico ou no Louvre, ante as coleções onde palpita uma vida milenária"[26] ou "se todas as artes me são necessárias à vida como o ar que respiro, a música ocupou sempre, entre elas, e em relação a mim, um lugar especial"[27], não será despiciendo aqui, sob o manto do amor, abrigar seus livros *Metamorfoses* e *Arte de música*.

O primeiro, um marco na literatura portuguesa, promove o casamento da poesia com as artes visuais, dentro de uma arquitetura primorosa, cuja parte central alinha cronologicamente os objetos visuais focalizados, a constituírem um particular museu, com peças datadas do séc. VII a.C. aos anos 1960 do século XX. Encerram o livro os insólitos "Quatro sonetos a Afrodite Anadiómena", que celebram a deusa do amor em versos plenos de sugestões, mas sem suporte semântico. Projeto similar é o de *Arte de música*, desta feita estabelecendo a interlocução entre a poesia e peças musicais predominantemente "eruditas", numa linha cronológica que vai do quinhentista John Dowland a Schönberg.

"De poesia falemos..."[28] E, para começar, é imprescindível repetir a declaração seniana de que a sua produção em versos constitui o "diário poético de uma testemunha"[29], o

[25 e 26] Posfácio a *Metamorfoses*, 1963.
[27] Posfácio a *Arte de música*, 1969.
[28] Título de poema que integra o livro *Fidelidade*, datado de 15/8/1952.
[29] Prefácio a *Poesia I*, 2ª ed., 1977.

que, de pronto, justifica a obsessiva datação de seus poemas e abre sendas para ilações biográficas e contextuais.

É imprescindível, igualmente, reproduzir a sua definição da "poética do testemunho", como resposta pessoal à "poética do fingimento" – desafio incontornável a todos os poetas portugueses que sucederam o heteronímico Fernando Pessoa:

> Como um processo testemunhal sempre entendi a poesia, cuja melhor arte consistirá em dar expressão ao que o mundo (o dentro e o fora) nos vai revelando, não apenas de outros mundos simultânea e idealmente possíveis, mas, principalmente, de outros que a nossa vontade de dignidade humana deseja convocar a que sejam de facto. Testemunhar do que em nós e através de nós, se transforma, e por isso ser capaz de compreender tudo, de reconhecer a função positiva ou negativa (mas função) de tudo, e de sofrer na consciência ou nos afectos tudo, recusando ao mesmo tempo as disciplinas em que outros serão mais eficientes, os convívios em que alguns serão mais pródigos, ou o isolamento de que muitos serão mais ciosos – eis o que foi, e é, para mim, a poesia.[30]

Sublinhe-se o quanto essa profissão de fé, de cariz humanista, reafirma o viés biográfico/contextual já indiciado, e repercute em versos como aqueles de "Os trabalhos e os dias"[31]: "Sento-me à mesa como se a mesa fosse o mundo inteiro/ e principio a escrever como se escrever

[30] Prefácio a *Poesia I*, 1ª ed., 1960.

fosse respirar/ [...] Uma corrente me prende à mesa em que os homens comem/ [...] este papel, esta mesa, eu apreendendo o que escrevo."

Nessa mesa de alimento e de escrita, não faltam convivas, os interlocutores preferenciais de sua poesia: além do onipresente Camões, Sá de Miranda, Guido Cavalcanti, Tomás Antônio Gonzaga, Pessoa... e incontáveis vultos da literatura mundial, habitantes da imensa erudição do autor.

Impressiona, no conjunto da poesia seniana (e não só), uma coesão interna difícil de conceber em tempos anteriores às facilidades da computação eletrônica. Coesão que se revela, por exemplo, na precisa trajetória que o próprio Sena delineia a partir dos títulos de seus livros:

O homem corre em *perseguição* de si mesmo e do seu outro até a *coroa da terra*, aonde humildemente encontrará a *pedra filosofal* que lhe permite reconhecer *as evidências*. Ao longo disto e depois disto e sempre, nada é possível sem *fidelidade* a si mesmo, aos outros e ao que aprendeu/desaprendeu ou fez que assim acontecesse aos mais. Se pausa para coligir estas experiências, haverá algum *Post-scriptum* ao que disse. Após o que a existência lhe são *metamorfoses* cuja estrutura íntima só uma *arte de música* regula. Mas, tendo atingido aquelas alturas rarefeitas, andou sempre na verdade e continuará a andar, os passos sem fim (enquanto a vida é vida) de uma *peregrinatio ad loca infecta*, já que os "lugares santos" são poucos, raros, e, ainda por cima altamente duvidosos quanto à autenticidade. Que fazer? *Exorcismos,*

[31] Ver, nesta antologia, p. 46 (Os trabalhos e os dias).

E depois vagar como Camões numa ilha perdida, meditar *sobre esta praia* aonde a humanidade se desnude, e declarar simplesmente que terminamos (e começamos) por ter de declarar: *Conheço o sal...* sim, o sal do amor que nos salva ou nos perde, o que é o mesmo. O mais que vier não poderá deixar de continuar esta linha, sobretudo *fidelidade* "à honra de estar vivo", por muito que às vezes doa.[32]

De ter pátria... "Eu sou eu mesmo a minha pátria. A Pátria/ de que escrevo é a língua em que por acaso de gerações/ nasci." [...] Com pátrias nos compram e nos vendem, à falta/ de pátrias que se vendam suficientemente caras para haver vergonha/ de não pertencer a elas."[33]

Os elementos da biografia seniana já relatados, acrescidos da leitura de poemas como "Balada do roer dos ossos", "L'été au Portugal" e "A Portugal" bastam para que se compreenda a complexidade da relação de Sena com a terra em que nasceu.

No entanto, na crônica-necrológio que Carlos Drummond de Andrade dedicou a seu amigo, poucos dias depois do falecimento, há tópicos que merecem ser sublinhados:

Nascido em Lisboa, e formado culturalmente na Europa, tornou-se cidadão brasileiro por força da áspera condição que a ditadura salazarista impunha aos intelectuais não submissos [...]

---

[32] Prefácio a *Poesia III*, 1977.

[33] Poema "Em Creta com o Minotauro" (ver p. 146).

Jorge de Sena acabou sendo um exilado profissional, buscando aqui e ali elementos de vida e de estudo. Foi fiel à culturalidade portuguesa, e seus ensaios [...] comprovam a permanência de suas raízes, entrelaçadas com um pensamento supranacional [...] Jorge foi mesmo um espírito universal, completamente livre de pressões e interesses de grupo [...] Seu feitio áspero, polémico, atingindo a agressividade, o terá ajudado no exercício da independência, traço distintivo de sua vida de intelectual rebelde. [...]

Faltou a Jorge de Sena uma pátria constante e receptiva, que agasalhasse o seu destino de intelectual e erudito a serviço exclusivo do espírito. Teve de procurar outra e mais outra [...] Não se deixou vencer, mas pagou alto o direito de amar a liberdade da inteligência, preservando a consciência crítica. [...] Não soubemos conservá-lo conosco, nem sequer chegamos a conhecê-lo na plenitude de seu espírito. Foi um professor que passou pelo Brasil, de 1959 a 1965. Mas que sonhou em dar ao Brasil, através da língua portuguesa, uma situação de prestígio na literatura mundial. Se não o conseguiu, não foi por omissão. Merece a nossa lembrança, embora tardia.[34]

---

[34] Crônica "Jorge de Sena, também brasileiro", *Jornal do Brasil*, 8/6/1978.

[3]

**Não, não serei nada do que fica ou serve,
e morrerei, quando morrer, comigo.**

Jorge de Sena padecia de uma ânsia de reconhecimento, que, segundo muitos, era desmesurada e injustificada. Sem entrar no mérito da questão, observemos que muitos poemas que pontilham seus livros questionam a recepção de seus versos, inclusive num *post-mortem*. Vejam-se, por exemplo, "Não sei meus versos...", "Post-scriptum", "Quando penso...", "Quando há trinta anos...".

Certo é que Sena nos legou uma obra monumental – em extensão, variedade e qualidade – que faz dele, incontestavelmente, caso ímpar na cultura portuguesa do século XX.[35]

Cabe, pois, inquirir sobre os legados de Sena às posteriores gerações. E talvez ainda não haja melhor resposta do que aquela que devemos a Eduardo Prado Coelho[36], ao nomear Sena como uma das "figuras tutelares" da poesia do Portugal de então: "De sua obra tão diversa, tão tumultuosa, tão irregular, sempre tão apaixonada e apaixonante, seria difícil dizer que não condiciona, em níveis diversos, quase tudo o que a poesia portuguesa contem-

---

[35] Só Vasco Graça Moura (1942-2014), autor que ainda está à espera de justa fortuna crítica, teria produção análoga à de Sena.

[36] "A poesia portuguesa contemporânea", in *A noite do mundo*, Lisboa: INCM, 1988.

porânea considera e partilha". E atribui-lhe pioneirismos como "a posição de revolta permanente contra a globalidade do sistema"; "um hábito e uma prática de convívio entre as diversas áreas da actividade artística", ao abrir o diálogo da poesia com as artes plásticas, ou a música, ou o cinema; "um discurso de grande densidade conceptual" e ainda o introduzir na poesia portuguesa uma "linguagem da sexualidade", que rompe com convenções e propõe uma demarcação "entre o espaço da relação amorosa e o espaço da demanda sexual", o que "veio tornar muitas outras coisas possíveis à poesia portuguesa mais recente". E hoje sabemos que não são poucos os poetas portugueses a confessarem "as ideias, as palavras, as imagens/ e também as metáforas, os temas, os motivos/ os símbolos e a primazia [...] de uma língua nova"[37] que auferiram com proveito nessa ponderosa herança poética.

Portanto, diante desta figura colossal e desta obra ciclópica, entende-se porque "os delicados"[38] não devem ler este e outros livros de Jorge de Sena.

[37] Do poema "Camões dirige-se aos seus contemporâneos" (ver p. 94).

[38] E releia-se o poema "Aviso de porta de livraria" (ver p. 163).

Sobre esta antologia

~ A seleção de poemas é absolutamente pessoal – um risco assumido. Sabendo-se que o conjunto da obra poética do autor gira à volta dos 1800 poemas, aqui temos um recorte que corresponde a cerca de 5.5% do total – o que, evidentemente, dá margem a lacunas criticáveis.

~ A ordenação dos poemas segue a data de edição dos livros em que se encontram inseridos.

~ As notas aos poemas são do autor quando assim estão assinaladas; fora disso, são da organizadora.

~ Edições tomadas como base para a transcrição dos poemas:

Jorge de Sena. *Obras completas. Poesia 1*, Jorge Fazenda Lourenço (Coord.), Lisboa: Guimarães Editores, 2013.

Jorge de Sena. *Obras completas. Poesia 2*, Jorge Fazenda Lourenço (Coord.), Lisboa: Guimarães Editores, 2015.

~ O ensaio de Eduardo Lourenço resulta de uma conferência realizada em Paris, no Centro Cultural da Fundação Calouste Gulbenkian, em novembro de 1985. O original em francês foi vertido para a língua portuguesa por Teresa Cristina Cerdeira, com revisão do autor. Encontra-se publicado no *Boletim do SEPESP* nº 6, Gilda Santos (Coord.), Rio de Janeiro, SEPESP-Seminário Permanente de Estudos Portugueses/FL/UFRJ, setembro de 1995 e nas *Obras completas de Eduardo Lourenço, vol. III, Tempo e poesia*, Carlos Mendes de Sousa (Coord.), Lisboa: Fundação Calouste Gulbenkian, 2016.

~ A erudição de Jorge de Sena manifesta-se claramente nas numerosas epígrafes que escolheu para seus livros de poemas. Na impossibilidade de aqui transcrevê-las na totalidade, a organizadora selecionou algumas, a antecederem os respectivos livros.

Poemas de
Jorge de Sena

Perseguição

1942

*"Apprends-moi à tuer, je
t'apprendrai à jouir."*

RENÉ CHAR

PRÉ-HISTÓRIA

Sempre que ofereço a alguém o alimento imponderável,
(de flutuante nos cérebros simples donde a terra exsuda
[lamacenta)
há uma complicação gelada sobre a convivência,
tudo recua para noites plácidas
onde os ecos não realizam fórmulas
e apenas são faróis dos charcos separados:
sobre estacas, nestes, várias aldeias lacustres,
sobre o tecto das cabanas uma palha subtil
por entre a qual não seca a identidade.
Flutua a minha oferta
agarra-se às canoas imóveis,
viscosa como baba do lago que subsiste na treva,
enquanto o fumo sobe dos faróis acesos
ao encontro do suor do firmamento límpido.

9/2/1942

LEPRA

A poesia tão igual a uma lepra!

E os poetas na leprosaria
vão vivendo
uns com os outros,
inspeccionando as chagas
uns dos outros.

3/7/1939

ASCENSÃO

Nunca estive tão perto da verdade.
Sinto-a contra mim,
Sei que vou com ela.

Tantas vezes falei negando sempre,
esgotando todas as negações possíveis,
conduzindo-as ao cerco da verdade,
que hoje, côncavo tão côncavo,
sou inteiramente liso interiormente,
sou um aquário dos mares,
sou apenas um balão cheio dessa verdade do mundo.

Sei que vou com ela,
sinto-a contra mim, –
nunca estive tão perto da verdade.

23/7/1941

ETERNIDADE

Vens a mim
pequeno como um Deus,
frágil como a terra,
morto como o amor,
falso como a luz,
e eu recebo-te
para a invenção da minha grandeza,
para rodeio da minha esperança
e pálpebras de astros nus.

Nasceste agora mesmo. Vem comigo.

22/9/1941

Coroa
da Terra
—
1946

"Suba por aí acima, até
à coroa da Terra..."

(INFORMAÇÃO DE UM CAMPONÊS)

À cidade do Porto, onde este
livro foi, na sua maior parte,
vivido e escrito e ao poeta
Ribeiro Couto.

OS TRABALHOS E OS DIAS

Sento-me à mesa como se a mesa fosse o mundo inteiro
e principio a escrever como se escrever fosse respirar
o amor que não se esvai enquanto os corpos sabem
de um caminho sem nada para o regresso da vida.

À medida que escrevo, vou ficando espantado
com a convicção que a mínima coisa põe em não ser nada.
Na mínima coisa que sou, pôde a poesia ser hábito.
Vem, teimosa, com a alegria de eu ficar alegre,
quando fico triste por serem palavras já ditas
estas que vêm, lembradas, doutros poemas velhos.

Uma corrente me prende à mesa em que os homens comem.
E os convivas que chegam intencionalmente sorriem
e só eu sei porque principiei a escrever no princípio do mundo
e desenhei uma rena para a caçar melhor
e falo da verdade, essa iguaria rara:
este papel, esta mesa, eu apreendendo o que escrevo.

27/10/1942

ESPIRAL

Um só poema basta para atingir a terra,
caminho de todos os poemas,
sinal de todas as graças,
poço de todas as águas,
tenham ou não tenham olhos que as chorem.

Oh poema caminhando ao encontro
de uma seiva tranquila
em canalículos de virgindade activa!
Oh poema suposto inevitável
enquanto homens desistam e se apaguem!
Graça de morte para uma ideia nascente;
olhar de torre antiga,
sobranceira ao adro restaurado...

Aqui era uma fonte.

Que os homens entendam,
que os homens lutem,
que os homens esmaguem
os sinais inventados.

O poema vem descendo e cruza-se com outros.

Aqui nunca houve um rio.

E o poema infiltra-se de perto,
deixando à superfície
uma ligeira espuma poética representando o poeta
de olhos abertos para a espiral dos tempos.

21/3/1942

UM EPÍLOGO

Quando estes poemas parecerem velhos,
e for risível a esperança deles:
já foi atraiçoado então o mundo novo,
ansiosamente esperado e conseguido
– e são inevitáveis outros poemas novos,
sinal da nova gravidez da Vida
concebendo, alegre e aflita, mais um mundo novo,
só perfeito e belo aos olhos de seus pais.

E a Vida, prostituta ingénua,
terá, por momentos, olhos maternais.

5/6/1942

IDEÁRIO PARA A CRIAÇÃO

Quando, em ti próprio, ouvires algum combate
do sonho em luta com a sua própria alma
e o mundo te parecer maior que a vida
e a vida te parecer a velha estrada
onde só tu não perseguiste o sonho,
defende, de ambos, o que for vencido.

Quando à tua beira, houver um perseguido
e o escárnio se abater sobre o que ele pensa
e o mundo inteiro o perseguir mentindo
uma mentira maior que a dessa ideia,
defende-a como tua antes que o mundo
esmague em si próprio a chama em que se ateia.

Quando, como hoje, os crimes forem tantos
que as praias sequem no desdém das ondas,
e o melhor homem for um criminoso
voltando ansioso ao local do crime,
e o sangue nem lhe suje a ansiedade
porque não há mais sangue que ciências loucas,
grita aos ventos da morte que os traíram –
e na terra se ouça que a verdade é falsa
e só eram verdade os que partiram.

PENAFIEL, 29/8/1942

GLÓRIA

Um dia se verá que o mundo não viveu um drama.

Todas estas batalhas, todos estes crimes,
todas estas crianças que não chegaram a desdobrar-se
                                        [em carne viva
e de quem, contudo, fizeram carne viva logo morta,
todos estes poetas furados por balas
e todos os outros poetas abandonados pelos que
nem coragem tiveram de matar um homem,
toda esta mocidade enganada e roubada
e a outra que morreu sabendo que a roubavam,
todo este sangue expressamente coalhado
à face íntegra da terra,
tudo isto é o reverso glorioso do findar dos erros.

Um dia nos libertaremos da morte sem deixar de morrer.

6/4/1942

Pedra filosofal

1950

"*Tout le bonheur de l'homme est dans son imagination.*"

SADE

OS PARAÍSOS ARTIFICIAIS

Na minha terra, não há terra, há ruas;
mesmo as colinas são de prédios altos
com renda muito mais alta.

Na minha terra, não há árvores nem flores.
As flores, tão escassas, dos jardins mudam ao mês,
e a Câmara tem máquinas especialíssimas para
desenraizar as árvores.

O cântico das aves – não há cânticos,
mas só canários de 3° andar e papagaios de 5°.
E a música do vento é frio nos pardieiros.

Na minha terra, porém, não há pardieiros,
que são todos na Pérsia ou na China,
ou em países inefáveis.

A minha terra não é inefável.
A vida da minha terra é que é inefável.
Inefável é o que não pode ser dito.

3/5/1947

...DE PASSAREM AVES[1]

À memória de Sá de Miranda

Das aves passam as sombras,
um momento, no chão, perto de mim.
No tardo Verão que as trouxe e as demora,
por que beirais não sei
onde se abrigam piando
como ao passar chilreiam.

Um momento só. Rápidas voam!
E a vida em que regressam de outras terras
não é tão rápida: fiquei olhando
as sombras não, mas a memória delas,
das sombras não, mas de passarem aves.

21/6/1947

[1] Poema de igual título, acrescido de "(II)" e datado de 18/2/1956, figura no livro *Fidelidade*.

ODE PARA O FUTURO

Falareis de nós como de um sonho.
Crepúsculo dourado. Frases calmas.
Gestos vagarosos. Música suave.
Pensamento arguto. Subtis sorrisos.
Paisagens deslizando na distância.
Éramos livres. Falávamos, sabíamos,
e amávamos serena e docemente.

Uma angústia delida, melancólica,
sobre ela sonhareis.

E as tempestades, as desordens, gritos,
violência, escárnio, confusão odienta,
primaveras morrendo ignoradas
nas encostas vizinhas, as prisões,
as mortes, o amor vendido,
as lágrimas e as lutas,
o desespero da vida que nos roubam
 – apenas uma angústia melancólica,
sobre a qual sonhareis a idade de oiro.

E, em segredo, saudosos, enlevados,
falareis de nós – de nós! – como de um sonho.

7/10/1949

ODE À INCOMPREENSÃO

De todas estas palavras não ficará, bem sei,
um eco para depois da morte
que as disse vagarosamente pela minha boca.
Tudo quanto sonhei, quanto pensei, sofri,
ou nem sonhei ou nem pensei
ou apenas sofri de não ter sofrido tanto
como aterradamente esperara –
nenhum eco haverá de outras canções
não ditas, guardadas nos corações
alheios, ecoando abscônditas ao sopro do poeta.

Não por mim. Por tudo o que, para ecoar-se,
não encontrou eco. Por tudo o que,
para ecoar, ficou silencioso, imóvel –
– isso me dói como de ausência a música
não tocada, não ouvida, o ritmo suspenso,
eminente, destinado, isso me dói
dolorosamente, amargamente, na distância
do saber tão claro, da visão tão lúcida,
que para longe afasta o compassado ardor
das vibrações do sangue pelos corpos próximos.

Tão longe, meu amor, te quis da minha imperfeição,
da minha crueldade, desta miséria de ser por intervalos
a imensa altura para que me arrebatas
– meu palpitar de imagem à beira da alegria,
meu reflexo nas águas tranquilas da liberdade imaginada –
tão longe, que já não meus erros regressassem
como verdade envenenando o dia a dia alheio.
Tão longe, meu amor, tão longe,
quem de tão longe alguma vez regressa?!

E quem, ó minha imagem, foi contigo?

(De mim a ti, de ti a mim,
quem de tão longe alguma vez regressa?)

4/10/1949

"NÃO SEI, MEUS VERSOS..."

Não sei, meus versos, que dizeis de mim.
Calou-se o tempo em que dizer só era
vossa alegria, vossa esperança ingénua
de a minha vida vos servir de amor.
Sabeis que não mais volto, que parti
para o silêncio que a liberdade busca
se, já livre de vós, vos não liberta.
Doce era esse adejar violento e dúctil
de umas palavras que teimosas vinham
perto de mais, à margem latejante,
ansiosa, obscura, que éreis vós nascendo.
Tudo morreu, outros esperam quais
não sei, meus versos, que direis de mim.
Se o nunca soube, vós o não sabíeis.
Se o não souber, nunca o direis, pois não?

17/3/1948

GLOSA À CHEGADA DO INVERNO

Ao frio suave, obscuro e sossegado,
e com que a noite, agora, se anuncia
depois de posto, ao longe, um sol dourado
que a uma rosada fímbria arrasta e esfia...

Da solidão dos homens apartado,
e entregue a tal silêncio, que devia
mais entender as sombras a meu lado
que a terra nua onde se atrasa o dia...

Recordo o amor distante que em mim vive,
sem tempo ou espaço, e apenas amarrado
à liberdade imensa que não tive,

e que não há. Como o recordo agora
que a luz do dia já se não demora,
se apenas de si próprio é recordado?

VALE DE GAIO, 15/11/1946

"Ó DOCE PERSPICÁCIA..."

Ó doce perspicácia dos sentidos!
Visão mais táctil que apressados dedos
sempre na treva tropeçando em medos
que só o olfacto os ouve definidos!

Audível sexo, corpos repetidos,
gosto salgado em curvas sem segredos
a que outras acres e secretas – ledos,
tranquilos, finos, ásperos rangidos –

se ligam, mancha a mancha, lentamente...
Perfume túrgido, macio, tépido,
sequioso de mão gélida e tremente...

Vago arrepio que se escoa lépido
por sobre os tensos corpos tão fingidos...
Ó doce perspicácia dos sentidos!

30/1/1947

ODE AO DESTINO

Destino: desisti, regresso, aqui me tens.

Em vão tentei quebrar o círculo mágico
das tuas coincidências, dos teus sinais, das ameaças,
do recolher felino das tuas unhas retrácteis
– ah então, no silêncio tranquilo, eu me encolhia ansioso
esperando já sentir o próximo golpe inesperado.

Em vão tentei não conhecer-te, não notar
como tudo se ordenava, como as pessoas e as coisas
[chegavam em bandos,
que eu, de soslaio, e disfarçando, observava
para conter as palavras, as minhas e as dos outros,
para dominar a tempo um gesto de amizade inoportuna.

Eu sabia, sabia, e procurei esconder-te,
afogar-te em sistemas, em esperanças, em audácias;
descendo à fé só em mim próprio, até busquei
sentir-te imenso, exacto, magnânimo,
único mistério de um mundo cujo mistério eras tu.

Lei universal que a sem-razão constrói,
de um Deus ínvio caminho, capricho dos Deuses,
soberana essência do real anterior a tudo,
Providência, Acaso, falta de vontade minha,
superstição, metafísica barata, medo infantil, loucura,
complexos variados mais ou menos freudianos,
contradição ridícula não superada pelo menino burguês,
educação falhada, fraqueza de espírito, a solidão da vida,

existirás ou não, serás tudo isso ou não, só isto ou só aquilo,
mas desisti, regresso, aqui me tens.

A humilhação de confessar-te em público,
nesta época de numerosos sábios e filósofos,
não é maior que a de viver sem ti.
A decadência, a desgraça, a abdicação,
os risos de ironia dos vizinhos
nesta rua de má-nota em que todos moramos,
não são piores, ah não, do que no dia-a-dia sem ti.
É nesta mesma rua que eu ouço o amor chamar por mim,
é nela mesma que eu vejo emprestar nações a juros,
é nela que eu tenho empenhado os meus haveres e os
                                     [dos outros,
nela que se exibem os rostos alegres, serenos, graciosos,
dos que preparam as catástrofes, dos que as gozam,
                                  [dos que são as vítimas.

É nesta mesma rua que eu
ouço todos os sonhos passar desfeitos.

Desisti, regresso, aqui me tens,
coberto de vergonha e de maus versos,
para continuar lutando, continuar morrendo,
continuar perdendo-me de tudo e todos,
mas à tua sombra nenhuma e tutelar.

17/10/1947

As evidências — 1955[1]

"The seals in Penobscot Bay hadn't heard of the atom bomb, so I shouted a warning to them."

DANIEL G. HOFFMAN

[1] Este livro, um "Poema em vinte e um sonetos", como o subintitulou o autor, foi apreendido pela PIDE (Polícia Internacional e de Defesa do Estado) logo que ficou impresso, no início de 1955, por ser considerado "além de subversivo, pornográfico". Só foi liberado depois de um mês de periódicas conversas do próprio autor com os agentes da censura. Mas Sena declara: "para dizer a pura verdade evidente, era realmente subversivo e, se não propriamente pornográfico, sem dúvida que respeitavelmente obsceno" (*Poesia I*, "Prefácio à 2ª edição", 1960)

I

Ao desconcerto humanamente aberto
entendo e sinto: as coisas são reais
como meus olhos que as olharam tais
a luz ou treva que há no tempo certo.

De olhá-las muito não as vejo mais
que a luz mutável com que a treva perto
sempre outras as confunde: entreaberto,
menos que humano, só verei sinais.

E sinta que as pensei, ou que as senti
eu pense, ou julgue nos sinais que vi
ler a harmonia, como ali surpresa,

oculta que era para eu vê-la agora,
meu desconcerto é o desconcerto fora,
e Deus um só pudor da Natureza.

12/2/1954

II

Desta vergonha de existir ouvindo,
amordaçado, as vãs palavras belas,
por repetidas quanto mais traindo
tornadas vácuas da beleza delas;

desta vergonha de viver mentindo
só porque escuto o que dizeis com elas;
desta vergonha de assistir medindo
por elas as injúrias por trás delas

ao mesmo sangue com que foram feitas,
ao suor e ao sémen por que são eleitas
e à simples morte de chegar-se ao fim;

desta vergonha inominável grito
a própria vida com que às coisas fito:
Calai-vos, ímpios, que jurais por mim!

12/2/1954

VIII

Amo-te muito, meu amor, e tanto
que, ao ter-te, amo-te mais, e mais ainda
depois de ter-te, meu amor. Não finda
com o próprio amor o amor do teu encanto.

Que encanto é o teu? Se continua enquanto
sofro a traição dos que, viscosos, prendem,
por uma paz da guerra a que se vendem,
a pura liberdade do meu canto,

um cântico da terra e do seu povo,
nesta invenção da humanidade inteira
que a cada instante há que inventar de novo,

tão quase é coisa ou sucessão que passa...
Que encanto é o teu? Deitado à tua beira,
sei que se rasga, eterno, o véu da Graça.

22/2/1954

X

Rígidos seios de redondas, brancas,
frágeis e frescas inserções macias,
cinturas, coxas rodeando as ancas
em que se esconde o corredor dos dias;

torsos de finas, penugentas, frias,
enxutas linhas que nos rins se prendem,
sexos, testículos, que inertes pendem
de hirsutas liras, longas e vazias

da crepitante música tangida,
húmida e tersa na sangrenta lida
que a inflamada ponta penetrante trila;

dedos e nádegas, e pernas, e dentes.
Assim, no jeito infiel de adolescentes,
a carne espera, incerta, mas tranquila.

27/2/1954

XXI

Cendrada luz enegrecendo o dia,
tão pálida nos longes dos telhados!
Para escrever mal vejo, e todavia
a dor libérrima que a mão me guia
essa me vê, conforta meus cuidados.

Ao fim terrível que me espera extenso,
nenhum conforto poderei pedir.
Da liberdade o desdobrado lenço
meu rosto cobrirá. Nem sei se penso
ou pensarei quando de mim fugir.

Perdem-se as letras. Noite, meu amor,
ó minha vida, eu nunca disse nada.
Por nós, por ti, por mim, falou a dor.
E a dor é evidente – libertada.

16/4/1954

Fidelidade
—
1958

"A arte leva consigo
uma espécie de rudeza."

MATIAS AIRES

EPÍGRAFE PARA A ARTE DE FURTAR[1]

Roubam-me Deus,
outros o Diabo
– quem cantarei?

roubam-me a Pátria;
e a Humanidade
outros ma roubam
– quem cantarei?

sempre há quem roube
quem eu deseje;
e de mim mesmo
todos me roubam
– quem cantarei?

roubam-me a voz,
quando me calo,
ou o silêncio
mesmo se falo
– aqui-d'el-rei!

3/6/1952

[1] *Arte de furtar* é obra barroca satírica, de autoria controversa, datada de 1652.

FIDELIDADE

Diz-me devagar coisa nenhuma, assim
como a só presença com que me perdoas
esta fidelidade ao meu destino.
Quanto assim não digas é por mim
que o dizes. E os destinos vivem-se
como outra vida. Ou como solidão.
E quem lá entra? E quem lá pode estar
mais que o momento de estar só consigo?

Diz-me assim devagar coisa nenhuma:
o que à morte se diria, se ela ouvisse,
ou se diria aos mortos, se voltassem.

26/8/1956

EPITÁFIO

De mim não buscareis, que em vão vivi
de outro mais alto que em mim próprio havia.
Se em meus lugares, porém, me procurardes
o nada que encontrardes
eu sou e minha vida.

Essas palavras que em meu nome passam
nem minhas nem de altura são verdade.
Verdade foi que de alto as desejei
e que de mim só maldições cobriam.
Debaixo delas a traição se esconde,
porque de mais me conheci distante
de alturas que de perto não existem.

Fui livre, como as águas, que não sobem.
Pensei ser livre, como as pedras caem.
O nada contemplei sem êxtase nem pasmo,
que o dia a dia
em que me via
ele mesmo apenas era e nada mais.

Por isso fui amado em lágrimas e prantos
do muito amor que ao nada se dedica.
Nada que fui, de mim não fica nada.
E quanto não mereço é o que me fica.

Se em meus lugares, portanto, me buscardes
o nada que encontrardes
eu sou e minha vida.

8/1/1953

GLOSA À CHEGADA DO OUTONO

O corpo não espera. Não. Por nós
ou pelo amor. Este pousar de mãos,
tão reticente e que interroga a sós
a tépida secura acetinada,
a que palpita por adivinhada
em solitários movimentos vãos;
este pousar em que não estamos nós,
mas uma sêde, uma memória, tudo
o que sabemos de tocar desnudo
o corpo que não espera; este pousar
que não conhece, nada vê, nem nada
ousa temer no seu temor agudo...

Tem tanta pressa o corpo! E já passou,
quando um de nós ou quando o amor chegou.

28/8/1958

METAMORFOSE[2]

Ao pé dos cardos sobre a areia fina
que o vento a pouco e pouco amontoara
contra o seu corpo (mal se distinguia
tal como as plantas entre a areia arfando)
um deus dormia. Há quanto tempo? Há quanto?
E um deus ou deusa? Quantos sóis e chuvas,
quantos luares nas águas ou nas nuvens,
tisnado haviam essa pele tão lisa
em que a penugem tinha areia esparsa?
Negros cabelos se espalhavam onde
nos braços recruzados se escondia o rosto.
E os olhos? Abertos ou fechados? Verdes ou castanhos
no breve espaço em que o seu bafo ardia?
Mas respirava? Ou só uma luz difusa
se demorava no seu dorso ondeante
que de tão nu e antigo se vestia
da confiada ausência em que dormia?
Mas dormiria? As pernas estendidas,
com um pé sobre outro pé e os calcanhares
um pouco soerguidos na lembrança de asas;
as nádegas suaves, as espáduas curvas
e na tão leve sombra das axilas
adivinhados pêlos... Deus ou deusa?
Há quanto tempo ali dormia? Há quanto?
Ou não dormia? Ou não estaria ali?

Ao pé dos cardos, junto à solidão
que quase lhe tocava do areal imenso,
do imenso mundo, e as águas sussurrando –
– ou não estaria ali?... E um deus ou deusa?
Imagem, só lembrança, aspiração?
De perto ou longe não se distinguia.

6/2/1958

[2] O mesmo título foi antes usado em poema datado de 25/10/1942, do livro *Coroa da Terra*.

Este poema, inserto em *Fidelidade*, reaparece, em expressa indicação do autor, como o único a constituir a primeira parte – "Ante-metamorfose" – do livro *Metamorfoses*. Considerando a linha ecfrástica que marca este último, o poema possivelmente evoca a pequena tela "Desnudo en la playa de Portici" (1874), do pintor espanhol Mariano Fortuny y Marsal, que se encontra no Museo del Prado, Madrid.

"QUEM A TEM..."[3]

Não hei-de morrer sem saber
qual a cor da liberdade.

Eu não posso senão ser
desta terra em que nasci.
Embora ao mundo pertença
e sempre a verdade vença,
qual será ser livre aqui,
não hei-de morrer sem saber.

Trocaram tudo em maldade,
é quase um crime viver.
Mas, embora escondam tudo
e me queiram cego e mudo,
não hei-de morrer sem saber
qual a cor da liberdade.

9/12/1956

[3] O título remete para uma canção popular portuguesa pré-republicana, cujos versos iniciais são "Liberdade, liberdade/ quem a tem chama-lhe sua/ já não tenho liberdade/ nem de pôr o pé na rua".

UMA PEQUENINA LUZ

Uma pequenina luz bruxuleante
não na distância brilhando no extremo da estrada
aqui no meio de nós e a multidão em volta
une toute petite lumière
just a little light
una piccola... em todas as línguas do mundo
uma pequena luz bruxuleante
brilhando incerta mas brilhando
aqui no meio de nós
entre o bafo quente da multidão
a ventania dos cerros e a brisa dos mares
e o sopro azedo dos que a não vêem
só a adivinham e raivosamente assopram.
Uma pequena luz
que vacila exacta
que bruxuleia firme
que não ilumina apenas brilha.
Chamaram-lhe voz ouviram-na e é muda.
Muda como a exactidão como a firmeza
como a justiça.
Brilhando indefectível.
Silenciosa não crepita
não consome não custa dinheiro.

Não é ela que custa dinheiro.
Não aquece também os que de frio se juntam.
Não ilumina também os rostos que se curvam.
Apenas brilha bruxuleia ondeia
indefectível próxima dourada.
Tudo é incerto ou falso ou violento: brilha.
Tudo é terror vaidade orgulho teimosia: brilha.
Tudo é pensamento realidade sensação saber: brilha.
Tudo é treva ou claridade contra a mesma treva: brilha.
Desde sempre ou desde nunca para sempre ou não:
brilha.
Uma pequenina luz bruxuleante e muda
como a exactidão como a firmeza
como a justiça.
Apenas como elas.
Mas brilha.
Não na distância. Aqui
no meio de nós.
Brilha

25/9/1949

"COMO DE VÓS..."

À memória do Papa Pio XII que quis ouvir, moribundo,
o "Allegretto" da Sétima Sinfonia de Beethoven

Como de Vós, meu Deus, me fio em tudo,
mesmo no mal que consentis que eu faça,
por ser-Vos indiferente, ou não ser mal,
ou ser convosco um bem que eu não conheço,

importa pouco ou nada que em Vós creia,
que Vos invente ou não a fé que eu tenha,
que a própria fé não prove que existis,
ou que existir não seja a Vossa essência.

Não de existir sois feito, e também não
de ser pensado por quem só confia
em quem lhe fale, em quem o escute ou veja.

Humildemente sei que em Vós confio,
e mesmo isto o sei pouco ou quase esqueço,
pois que de Vós, meu Deus, me fio em tudo.

11/10/1958

Post-scriptum — 1961

"Os anjos, pelo som da voz, conhecem o amor de um homem; pela articulação do som, a sua sabedoria; e pelo sentido das palavras, a sua ciência."

SWEDENBORG

OS SOLDADOS DE CHUMBO E A ETERNIDADE

Nunca entendi tão perfeitamente as coisas
como desde que os homens se deixaram sê-las.

Quando, na minha infância, eu enterrava,
com solenidade imensa, dos meus soldados de chumbo
aqueles que eram mortos por decreto meu,
e, quando para continuar o combate,
os ressuscitava e desenterrava sem nenhuma pompa,
alinhando-os apressadamente para morrerem de novo
e tantas vezes quantas as que havia
até à condenação à frigideira fatal
onde acabavam e pareciam o mercúrio dos termómetros
                                          [partidos
apenas com ligeiras escamas da tinta azul da farda,
como eram sempre outros, gerações,
sempre diferentes, sempre de armas ao ombro,
e os pés em marcha soldados à base.

A verdadeira consolação que me restava
– e que eu não sabia –:
Aquele pedaço de chumbo arrefecido
fora soldados, generais, cavalos,
irremediavelmente.

1946 [OU 1947]

POST-SCRIPTUM

Não sou daqueles cujos ossos se guardam,
nem sou sequer dos que os vindouros lamentam
não hajam sido guardados a tempo de ser ossos.

Igualmente não sou dos que serão estandartes
em lutas de sangue ou de palavras,
por uns odiado quanto me amem outros.

Não sou sequer dos que são voz de encanto,
ciciando na penumbra ao jovem solitário,
a beleza vaga que em seus sonhos houver.

Nem serei ao menos consolação dos tristes,
dos humilhados, dos que fervem raivas
de uma vida inteira a pouco e pouco traída.

Não, não serei nada do que fica ou serve,
e morrerei, quando morrer, comigo.

Só muito a medo, a horas mortas, me lerá,
de todos e de si se disfarçando,
curioso, aquel' que aceita suspeitar
quanto mesmo a poesia ainda é disfarce da vida.

27/5/1954

"COMO QUEIRAS, AMOR..."

Como queiras, Amor, como tu queiras.
Entregue a ti, a tudo me abandono,
seguro e certo, num terror tranquilo.
A tudo quanto espero e quanto temo,
entregue a ti, Amor, eu me dedico.

Nada há que eu não conheça, que eu não saiba,
e nada, não, ainda há por que eu não espere
como de quem ser vida é ter destino.

As pequeninas coisas da maldade, a fria
tão tenebrosa divisão do medo
em que os homens se mordem com rosnidos
de malcontente crueldade imunda,
eu sei quanto me aguarda, me deseja,
e sei até quanto ela a mim me atrai.

Como queiras, Amor, como tu queiras.
De frágil que és, não poderás salvar-me.
Tua nobreza, essa ternura tépida
quais olhos marejados, carne entreaberta,
será só escárnio, ou, pior, um vão sorriso
em lábios que se fecham como olhares de raiva.
Não poderás salvar-me, nem salvar-te.
Apenas como queiras ficaremos vivos.

Será mais duro que morrer, talvez.
Entregue a ti, porém, eu me dedico
àquele amor por qual fui homem, posse
e uma tão extrema sujeição de tudo.

Como tu queiras, meu Amor, como tu queiras.

PORTO, 24/2/1959

Metamorfoses, seguidas de quatro sonetos a Afrodite Anadiómena

1963

"In nova fert animus mutatas dicere formas
Corpora; di, coeptis (nam vos mutatis et illas)
Aspirate meis primaque ab origine mundi
Ad mea perpetuum deducite tempora carmen."

OVÍDIO, *METAMORPHOSEON*, I, 1-4

GAZELA DA IBÉRIA[1]

Suspensa nas três patas, porque se perdeu
uma das quatro, eis que repousa brônzea
no pedestal discreto do museu.
Ergue as orelhas, como à escuta, e os pés
são movimento que ainda hesita, enquanto
o vago olhar vazio se distrai
entre os ruídos soltos da floresta.
Há muito as árvores caíram. Há
perdidos tempos sem memória que
morreram as aldeias nas montanhas
e pedra a pedra se deliram nelas.
Há muito tempo que esse povo — qual? —
violado foi por invasões, e em sangue,
em fogo e em escravidão, ou só no amor
dos homens que chegavam em navios
de longos remos e altas velas pandas
se dissolveu tranquilo, abandonando
os montes pelos vales, a floresta
pelas escarpas onde o mar arfava
nas enseadas mansas e nas praias,
e as fontes límpidas por rios que,
entre a verdura, sinuosos iam.

Há muito, mas esta gazela resta,
com seu focinho fino e o liso torso
e o peito quase humano. Acaso foi
a qualquer deus oferta? Ou ela mesma
a deusa foi que oferenda recebia?
Ou foi apenas a gazela, a ideia,
a pura ideia de gazela ibérica?
Suspensa nas três patas se repousa.

ASSIS, 8/4/1961

[1] "Gazela de bronze da Ibéria" (sécs. VII ou VIII a.C.), do British Museum, Londres

ARTEMIDORO[2]

A tua múmia está no Museu Britânico
entre as fileiras tristes do segundo andar.
Alguém ta descobriu num cemitério copta,
que os areais e o tempo haviam ocultado,
por séculos de calma eternidade
que em teu caixão não profanado por
ladrões de sepulturas conheceste.
Secaste assim serenamente, enquanto
quem tu eras se perdeu depressa
nas memórias humanas que habitaste.
Não eras rei, nem príncipe. E célebre
talvez o tenhas sido para os mercadores
que trataram contigo, para os teus amigos
com quem ceavas altas horas, para
tua mulher, teus filhos (só, quando pequenos,
te viam gigantesco e absorto e paternal).
A múmia que ficou de ti (só ressequida pele
rasgada aqui e ali, mostrando os ossos
por onde as sujas ligaduras se soltaram)
não se distingue das outras na fileira
envidraçada em que há decénios pó,
um fino pó, será de ti ou Londres.
Importa o teu caixão, ou mais, a tampa
em que, segundo os usos do teu tempo,
um pintor cujo ofício principal seria
retratar os mortos te compôs um rosto.
É bem possível que tu próprio encomendasses,
risonho e pensativo, esse retrato, ou que,
depois de ter's morrido, teus irmãos de igreja

te hajam decidido e colocado
essa máscara nobre de tragédia,
convencional tragédia em palcos de outro mundo.
Possível é também que esse retrato fosse
menos que tua máscara um rosto
que se escolhia – por ti ou só por eles escolhido
para esse último acto: o de estar morto
de olhos abertos para o que desse e viesse.
E o teu líquido olhar ficou fitando
– num jeito que passou a Creta,
atravessou incólume Veneza,
o Tintoreto e Roma até Toledo,
em que é de Apostolado para o Greco.
Mas para ti e os teus – um pouco egípcios,
um pouco sírios, gregos e romanos,
cristãos e persas: Cristo Pantocrator,
Ísis, Pan-háguia, os anjos e os profetas,
Deméter, a Fortuna, o Jano bifrontal,
Ormuzd e Ariman, Pitágoras, Platão,
o deus Ptah, Adónis, Minotauro,
e as bacantes agitando o tirso –
mas para ti e os teus, entre esse mar
de Ulisses e de António, de Pafos e de Chipre,
e o deserto da Esfinge e dos Colossos
que à madrugada num gemer saúdam,
mas para ti e os teus, nas margens debruçados
para o murmúrio lamacento que afogou Antinoo –
que seria esse olhar tão líquido e profundo que me fita
envidraçado pela morte e pelas crenças todas
e também pela vidraça que, interposta,
nos não separa menos do que os séculos?

Artemidoro: escuta! No silêncio ouves
os «buses» que passam, a gralhada que
em salas mais curiosas visitantes fazem.
Que mais escutarás com esses olhos que ouvem
atentamente os breves estalidos que o eterno,
como o romper da aurora nas estátuas,
provoca em nós e em nossas coisas, fissurando
a pouco e pouco a carne, a pele, os ossos, tudo
o que de deuses palpita e ressuscita em nós
e em que talvez, sereno mercador, nem mesmo acreditasses?

LISBOA, 28/4/1959

[2] No "Post-fácio" a *Metamorfoses*, Sena como que atribui a Artemidoro a gênese desse seu livro: "Ao voltar ao Museu Britânico, não pude deixar de ir visitar o meu amigo Artemidoro, grego do Egipto, cuja múmia alinha entre tantas [...] e cujo rosto, pintado na tampa [...] me fitou como antes, entre grave e despreocupado [...]. A mim mesmo e a Artemidoro prometi que falaria dele. [...] Independentemente de outros poemas que iam aparecendo, e quando eu já pensava que ele não viria, "Artemidoro" chegou (28/4/59), e senti que cumprira uma promessa promessa, correspondera àquele olhar vindo através dos séculos, a fixar-se em mim. E foi então que a intencionalidade da série [...] se me definiu."

A NAVE DE ALCOBAÇA[3]

Vazia, vertical, de pedra branca e fria,
longa de luz e linhas, do silêncio
a arcada sucessiva, madrugada
mortal da eternidade, vácuo puro
do espaço preenchido, pontiaguda
como se transparência cristalina
dos céus harmónicos, espessa, côncava
de rectas concreção, ar retirado
ao tremor último da carne viva,
pedra não-pedra que em pilar's se amarra
em feixes de brancura, geometria
do espírito provável, proporção
da essência tripartida, ideograma
da muda imensidão que se contrai
na perspectiva humana. Ambulatório
da expectação tranquila.
     Nave e cetro,
e sepulcral resíduo, tempestade
suspensa e transferida. Rosa e tempo.
Escada horizontal. Cilindro curvo.
Exemplo e manifesto. Paz e forma
do abstracto e do concreto.
     Hierarquia
de uma outra vida sobre a terra. Gesto
de pedra branca e fria, sem limites
por dentro dos limites. Esperança
vazia e vertical. Humanidade.

ARARAQUARA, 27/11/1962

[3] Nave central da igreja do mosteiro de Alcobaça.

Nota do autor Neste poema não está incluída citação alguma. Mas sem dúvida que transparecerão o interesse do autor pela filosofia medieval e a importância que, para ele, tiveram algumas obras fundamentais para a compreensão da estética da Idade Média, como Edgar de Bruyne, *L'Esthétique du Moyen-Âge*, Louvain, 1974, e Erwin Panofsky, *Gothic Architecture and Sholasticism*, London, 1957.

RETRATO DE UM DESCONHECIDO[4]

Fita-nos, como o pintor pensou,
não como jamais fitou alguém.
Ele próprio se não conheceu nunca
nesse retrato que a família, que os amigos,
sempre acharam todos parecido.
O Mestre, anos depois, que por acaso
viu, sem voltar a ver já o modelo,
o quadro esplêndido, achou pintura má
no que fizera; e não reconheceu
aquele olhar tão variamente fundo,
diverso do que, em tintas, punha sobre o mundo.

Mas tudo conjectura, apenas.

Quem era? Qual o nome? Não sabemos
nada, inteiramente nada. A fronte límpida,
a boca que se fecha num desdém tão vago,
os olhos falsamente juvenis, irónicos,
o róseo, o negro, o terra, a leve pincelada
parecem falar. Apenas o parecem. E,
dele, como do Mestre, não sabemos nada.
E quanto à data... a data é muito incerta.

Magnífica pintura. Oh! Sem dúvida,
de uma importante personagem. Inda
dependeremos desse jovem? Mas quem era?
Será que ele o sabia? Ou que o pintor o soube
naquel' momento de olhos em que o mundo coube?

LISBOA, 28/8/1958

[4] "Retrato de jovem cavaleiro", Esc. Portuguesa, séc. XVI. Museu Nacional de Arte Antiga, Lisboa.

CAMÕES DIRIGE-SE AOS
SEUS CONTEMPORÂNEOS[5]

Podereis roubar-me tudo:
as ideias, as palavras, as imagens,
e também as metáforas, os temas, os motivos,
os símbolos, e a primazia
nas dores sofridas de uma língua nova,
no entendimento de outros, na coragem
de combater, julgar, de penetrar
em recessos de amor para que sois castrados.
E podereis depois não me citar,
suprimir-me, ignorar-me, aclamar até
outros ladrões mais felizes.
Não importa nada: que o castigo
será terrível. Não só quando
vossos netos não souberem já quem sois
terão de me saber melhor ainda
do que fingis que não sabeis,
como tudo, tudo o que laboriosamente pilhais,
reverterá para o meu nome. E, mesmo, será meu,
tido por meu, contado como meu,
até mesmo aquele pouco e miserável
que, só por vós, sem roubo, haveríeis feito.
Nada tereis, mas nada: nem os ossos,
que um vosso esqueleto há-de ser buscado,
para passar por meu. E para outros ladrões,
iguais a vós, de joelhos, porem flores no túmulo.

ASSIS, 11/6/1961

[3] A imagem que acompanha as diferentes edições do poema é "Camões", de Bruno Giorgi. Busto que se encontra no Palácio Capanema (antigo MEC), Rio de Janeiro.

Nota do autor Não deve, da leitura deste poema, concluir-se que o autor esposa o desprezo corrente pelos contemporâneos de Camões, quer os que foram e mutuamente se consideraram ilustres, quer aqueles que, perdidos, esquecidos, ou inéditos, têm sido desqualificados pela idolatria camoniana. É precisamente contra esta idolatria que, no fundo, corresponde ao descaso em que o poeta se viu ao voltar a Portugal – se é que viu, e resta ver como –, que precisamente é dada no poema a palavra a Camões.

"A MORTA", DE REMBRANDT[6]

Morta. Apenas morta. Nada mais que morta.
Não parece dormir. Nem se dirá
que sonha ou que repousa ou que da vida
levou consigo o mais que não viveu.
Parece que está morta e nada mais parece.
E tudo se compõe, dispõe e harmoniza
para que a morte seja apenas sua.

É muito velha. Velha, ou consumida
na serena angústia de aguardar que a vida
vá golpe a golpe desbastando os laços
de carne e de memória, de prazer, piedade,
ou do simples ouvir que os outros riem,
e choram e ciciam ou silentes
se escutam tal como ela se escutava
na calma distracção de respirar
o tempo que circula pelas veias.

Em tudo a vida se extinguiu. Primeiro,
a que era sua e como que de todos
quantos amara ou conhecera um pouco
ou, vagamente vultos recordados, eram
sombras dos dias pensativos em
que os olhos pousam no que passa ou pára.

Depois a vida nela – o só viver,
o só estar viva sem saber seu nome –
e que não era sua mas lhe fora entregue
de posse em posse, no correr dos séculos,
desde a primeva noite pantanosa
àquele quarto em que vagiu nascendo.

Formas da vida não subsiste alguma
na luz difusa que a seu rosto aclara
tão marfinado no sudário branco
a destacar-se da coberta escura.
Morreu por certo há pouco, e já na boca
de lábios finos, comissuras longas,
como nas pálpebras pesadas ou
no afilamento do nariz adunco,
nada palpita, nem a morte, nada.

A luz deixa na sombra o crucifixo
que pende da parede ao pé do leito,
porém no rosto pousa aguda e leve
iluminando a teia de milhares de rugas
tecida pela aranha que se agita
entre nós e os outros, entre nós e as coisas,
entre nós e nós próprios, mesmo que
não fosse a vida esse crispar-se a pele
a um beijo que desliza, um vento que perpassa,
uma ansiedade alheada, um medo súbito,
uma demora de confiança triste.

Está morta. Apenas morta. Mas, no entanto,
na solidão a que nem cores resistem
não morre o mundo, não figura a Morte,
nada figura senão ela que
deixou de ser a solidão da vida,
para ficar ali, antes de apodrecer,
no breve instante em que a agonia acaba,
a solidão que vemos exterior enfim
no rosto amar'lecido, no sudário branco,
no escuro cobertor, na luz difusa,
no jeito da cabeça repousada,
e nas pesadas pálpebras espessas,
fechadas sobre os olhos para sempre.

LISBOA, 12/5/1959

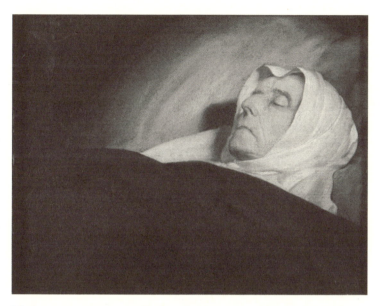

[6] Anteriormente atribuída a Rembrandt, esta pequena pintura sobre madeira é hoje indicada como da escola de Rembrandt, sendo eventualmente Jan Lievens o seu autor, conforme registro do "Oldmasters", um dos Musées Royaux des Beaux-Arts de Belgique, Bruxelas.

"O BALOUÇO", DE FRAGONARD[7]

Como balouça pelos ares no espaço
entre arvoredo que tremula e saias
que lânguidas esvoaçam indiscretas!
Que pernas se entrevêem, e que mais
não vê o que indiscreto se reclina
no gozo de escondido se mostrar!
Que olhar e que sapato pelos ares,
na luz difusa como névoa ardente
de palpitar de entranhas na folhagem!
Como um jardim se emprenha de volúpia,
torcendo-se nos ramos e nos gestos,
nos dedos que se afilam, e nas sombras!
Que roupas se demoram e constrangem
o sexo e os seios que avolumam presos,
e adivinhados na malícia tensa!
Que estátuas e que muros se balouçam
nessa vertigem de que as cordas são
tão córnea a graça de um feliz marido!
Como balouça, como adeja, como
é galanteio o gesto com que, obsceno,
o amante se deleita olhando apenas!
Como ele a despe e como ela resiste
no olhar que pousa enviesado e arguto
sabendo quantas rendas a rasgar!
Como do mundo nada importa mais!

ASSIS, 8/4/1961

[7] "Les hasards heureux de l'escarpolette", ou "O Balanço" – como é mais conhecida a famosa tela rococó de Fragonard. Wallace Collection, Londres.

TURNER[8]

No silêncio da névoa em que os ruídos passam
como num prisma a luz se decompõe,
é de oiro a fimbria dos reflexos brandos
na vibração suspensa de águas pardacentas
que vultos incendeiam de adejantes velas
e galhardetes que como elas pandos
o são de um vento apenas prenunciado
na esfiada profusão de um céu marinho
sobre cidades pétreas dissolvidas
em escadarias que atracam nuvens,
o tamisado Sol, fogueiras, luz da Lua.

Ondeantes vultos (que sinuosos, frios,
entre si deixam quais rasgões da névoa
a própria névoa que os compõe rasgada)
janelas são ante zimbórios, prados,
ante arvoredos outonais tranquilos,
cuja verdura é de oiro requeimada
na fumarenta limpidez crepuscular
de tardes ou manhãs que se confundem
na mesma humanidade sem contornos,
apenas força e sombra como barcos
a deslizar sem mastros e sem velas
que ao alto pandas transparentes pendem
na alaranjada e glauca ressonância
do vaporoso estuário onde as marés
se adensam de lembradas tempestades
do largo mar em vagas de grisalha espuma,
enquanto rio abaixo vão fornalhas

hiantes e encardidas, pontes, e um coxim
de que Veneza e as galés de Ulisses
são horizonte e cálida elegância.

Que silêncio de luz vista de frente,
olhada contra as cores aquém das formas,
aquém das vibrações que se transmutam
em superfícies e em volumes tensos!
Como se espalha em nódoa sobre a tela
uma cegueira penetrante e ávida
que a tudo vai roendo em marulhar de mundos!
E, para além deste sereno estrépito
que em vórtices congela a tenuidade,
não há mais nada. Nem pintura resta.

LISBOA, 19-20/6/1959

[8] Embora o poema pareça aludir a várias marinhas de William Turner, as diferentes edições o ilustram com a tela "Slave Ship", de 1840, que se encontra no Museum of Fine Arts, de Boston.

"A CADEIRA AMARELA",
DE VAN GOGH[9]

No chão de tijoleira uma cadeira rústica,
rusticamente empalhada, e amarela sobre
a tijoleira recozida e gasta.
No assento da cadeira, um pouco de tabaco num papel
ou num lenço (tabaco ou não?) e um cachimbo.
Perto do canto, num caixote baixo,
a assinatura. A mais do que isto, a porta,
uma azulada e desbotada porta.
Vincent, como assinava, e da matéria espessa,
em que os pincéis se empastelaram suaves,
se forma o torneado, se avolumam as
travessas da cadeira como a gorda argila
das tijoleiras mal assentes, carcomidas, sujas.

Depois das deusas, dos coelhos mortos,
e das batalhas, príncipes, florestas,
flores em jarras, rios deslizantes,
sereno lusco-fusco de interiores de Holanda,
faltava esta humildade, a palha de um assento,
em que um vício modesto – o fumo – foi esquecido,
ou foi pousado expressamente como sinal de que
o pouco já contenta quem deseja tudo.

Não é no entanto uma cadeira aquilo
que era mobília pobre de um vazio quarto
onde a loucura foi piedade em excesso
por conta dos humanos que lá fora passam,
lá fora riem, mas de orelhas que ouçam
não querem mesmo numa salva rica
um lóbulo cortado, palpitante ainda,
banhado em algum sangue, o "quantum satis"
de lealdade, amor, dedicação, angústia,
inquietação, vigílias pensativas,
e sobretudo penetrante olhar
da solidão embriagadora e pura.

Não é, não foi, nem mais será cadeira:
Apenas o retrato concentrado e claro
de ter lá estado e de ter lá sido quem
a conheceu de olhá-la, como de assentar-se
no quarto exíguo que é só cor sem luz
e um caixote ao canto, onde assinou Vincent.

Um nome próprio, um cachimbo, uma fechada porta,
um chão que se esgueira debaixo dos pés
de quem fita a cadeira num exíguo espaço,
uma cadeira humilde a ser essa humildade
que lhe rói de dentro o dentro que não há
senão no nome próprio em que as crianças têm
uma fé sem limites por que vão crescendo
à beira da loucura. Há quem assine,
a um canto, num caixote, o seu nome de corvo.
E há cantos em pintura? Há nomes que resistam?
Que cadeira, mesmo não-cadeira, é humildade?
Todas, ou só esta? Ao fim de tudo,
são só cadeiras o que fica, e um modesto vício
pousado sobre o assento enquanto as cores se empastam?

LISBOA, 21/5/1959

[9] "A cadeira amarela", de Van Gogh. National Gallery, Londres.

CARTA A MEUS FILHOS SOBRE
OS FUZILAMENTOS DE GOYA[10]

Não sei, meus filhos, que mundo será o vosso.
É possível, porque tudo é possível, que ele seja
aquele que eu desejo para vós. Um simples mundo,
onde tudo tenha apenas a dificuldade que advém
de nada haver que não seja simples e natural.
Um mundo em que tudo seja permitido,
conforme o vosso gosto, o vosso anseio, o vosso prazer,
o vosso respeito pelos outros, o respeito dos outros por vós.
E é possível que não seja isto, nem seja sequer isto
o que vos interesse para viver. Tudo é possível,
ainda quando lutemos, como devemos lutar,
por quanto nos pareça a liberdade e a justiça,
ou mais que qualquer delas uma fiel
dedicação à honra de estar vivo.
Um dia sabereis que mais que a humanidade
não tem conta o número dos que pensaram assim,
amaram o seu semelhante no que ele tinha de único,
de insólito, de livre, de diferente,
e foram sacrificados, torturados, espancados,
e entregues hipocritamente à secular justiça,
para que os liquidasse "com suma piedade e sem efusão
                                        [de sangue".

Por serem fiéis a um deus, a um pensamento,
a uma pátria, uma esperança, ou muito apenas
à fome irrespondível que lhes roía as entranhas,
foram estripados, esfolados, queimados, gaseados,
e os seus corpos amontoados tão anonimamente quanto
                                    [haviam vivido,
ou suas cinzas dispersas para que delas não restasse memória.
Às vezes, por serem de uma raça, outras
por serem de uma classe, expiaram todos
os erros que não tinham cometido ou não tinham
                                    [consciência
de haver cometido. Mas também aconteceu
e acontece que não foram mortos.
Houve sempre infinitas maneiras de prevalecer,
aniquilando mansamente, delicadamente,
por ínvios caminhos quais se diz que são ínvios os de Deus.

Estes fuzilamentos, este heroísmo, este horror,
foi uma coisa, entre mil, acontecida em Espanha
há mais de um século e que por violenta e injusta
ofendeu o coração de um pintor chamado Goya,
que tinha um coração muito grande, cheio de fúria
e de amor. Mas isto nada é, meus filhos.
Apenas um episódio, um episódio breve,
nesta cadeia de que sois um elo (ou não sereis)
de ferro e de suor e sangue e algum sémen
a caminho do mundo que vos sonho.
Acreditai que nenhum mundo, que nada nem ninguém
vale mais que uma vida ou a alegria de tê-la.
É isto o que mais importa – essa alegria.
Acreditai que a dignidade em que hão-de falar-vos tanto
não é senão essa alegria que vem
de estar-se vivo e sabendo que nenhuma vez
alguém está menos vivo ou sofre ou morre
para que um só de vós resista um pouco mais
à morte que é de todos e virá.

Que tudo isto sabereis serenamente,
sem culpas a ninguém, sem terror, sem ambição,
e sobretudo sem desapego ou indiferença,
ardentemente espero. Tanto sangue,
tanta dor, tanta angústia, um dia
– mesmo que o tédio de um mundo feliz vos persiga –
não hão-de ser em vão. Confesso que
muitas vezes, pensando no horror de tantos séculos
de opressão e crueldade, hesito por momentos
e uma amargura me submerge inconsolável.
Serão ou não em vão? Mas, mesmo que o não sejam,
quem ressuscita esses milhões, quem restitui
não só a vida, mas tudo o que lhes foi tirado?
Nenhum Juízo Final, meus filhos, pode dar-lhes
aquele instante que não viveram, aquele objecto
que não fruíram, aquele gesto
de amor, que fariam "amanhã".
E, por isso, o mesmo mundo que criemos
nos cumpre tê-lo com cuidado, como coisa
que não é só nossa, que nos é cedida
para a guardarmos respeitosamente
em memória do sangue que nos corre nas veias,
da nossa carne que foi outra, do amor que
outros não amaram porque lho roubaram.

LISBOA, 25/6/1959

[10] "3 de mayo de 1808 en Madrid" ou "Los fusilamientos", de Goya. Museo del Prado, Madrid.

DANÇARINO DE BRUNEI[11]

Em fortes linhas de contorno suave
e em passos que se pousam prolongando
o gesto da nudez quase completa
(ou sim, completa, pois que um breve pano
descendo da cintura nada cobre ou veste)
de um corpo que se ondula duro e frágil
como de amor a força requebrada,
a mesma dança nesta imagem quieta
é suspendida num momento. Os pés
assentam, um, nos dedos só, e o outro
cruzado à frente a perna torce um pouco.
Maçãs do rosto e os olhos concentrados
são como a franja do cabelo fluidos
neste relevo brônzeo de uma luz de lado.
E ao torso que da cinta se levanta
um colar marca as linhas do pescoço
em que a cabeça se ergue delicada.
É de Bornéu e um povo primitivo
esta figura. Uma elegância tal
são séculos de humana perfeição
que gente gera num saber da vida.
Quando será que de ocidente a morte
virá matar-nos, antes que matemos
com deuses feitos homens os humanos deuses
que já tão poucos sobrevivem límpidos
como este corpo se dançando em si
(e as mãos paradas segurando os ares)?

19/1/1974

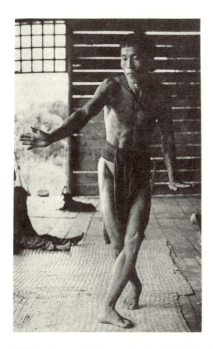

[11] Em algumas edições consta a dedicatória "ao Ruy Cinatti".

Nota do autor Este poema foi inspirado pela fotografia que o ilustra e que era uma das que fazia parte do artigo, "Brunei, Abode of Peace", de Joseph Judge, com fotos de Dean Conger, publicado em *National Geographic*, vol. 145, nº 2, Fevereiro de 1974. Não há nada de misterioso em, neste caso, ser-se inspirado em meados de Janeiro, data do poema, por uma imagem aparecida em Fevereiro – muitas revistas saem no mês ou na semana anteriores àqueles a que se reportam (tal qual, para citar um exemplo familiar aos portugueses que seguem o estado do Universo por uma das Bíblias de Paris, sucede com o jornal *Le Monde*, que sai de véspera, não vá acabar-se no próprio dia o mundo que lhe justifica o título). A vasta ilha de Bornéu, por onde andaram os portugueses quando mandavam no Oriente, está hoje politicamente dividida entre a Malásia e a Indonésia. Mas, na parte malaia, há um enclave – Brunei – que é um "sultanato" protegido pela Grã-Bretanha. Os leitores de Somerset Maugham, entre os quais fielmente me contei por longo tempo (e de certo modo ainda conto), por certo lembrarão de quanto ele usou deste lugar em que viveu algum tempo. O dançarino da foto, que não é já um jovem, pertence a uma das tribos – os Punans – mais fugidias do sultanato, nómadas que eram e eventualmente ainda são.

A MORTE, O ESPAÇO, A ETERNIDADE[12]

Ao José Blanc de Portugal, em memória de um seu
ente querido, que eu muito estimava.

De morte natural nunca ninguém morreu.
Não foi para morrer que nós nascemos,
não foi só para a morte que dos tempos
chega até nós esse murmúrio cavo,
inconsolado, uivante, estertorado,
desde que anfíbios viemos a uma praia
e quadrumanos nos erguemos. Não.
Não foi para morrermos que falámos,
que descobrimos a ternura e o fogo,
e a pintura, a escrita, a doce música.
Não foi para morrer que nós sonhámos
ser imortais, ter alma, reviver,
ou que sonhámos deuses que por nós
fossem mais imortais que sonharíamos.
Não foi. Quando aceitamos como natural,
dentro da ordem das coisas ou dos anjos,
o inominável fim da nossa carne; quando
ante ele nos curvamos como se ele fora
inescapável fome de infinito; quando
vontade o imaginamos de outros deuses
que são rostos de um só; quando que a dor
é um erro humano a que na dor nos damos
porque de nós se perde algo nos outros, vamos
traindo esta ascensão, esta vitória, isto
que é ser-se humano, passo a passo, mais.

A morte é natural na natureza. Mas
nós somos o que nega a natureza. Somos
esse negar da espécie, esse negar do que
nos liga ainda ao Sol, à terra, às águas.
Para emergir nascemos. Contra tudo e além
de quanto seja o ser-se sempre o mesmo
que nasce e morre, nasce e morre, acaba
como uma espécie extinta de outras eras.
Para emergirmos livres foi que a morte
nos deu um medo que é nosso destino.
Tudo se fez para escapar-lhe, tudo
se imaginou para iludi-la, tudo
até coragem, desapego, amor,
para que a morte fosse natural.

Não é. Como, se o fora, há tantos milhões de anos
a conhecemos, a sofremos, a vivemos,
e mesmo assassinando a não queremos?
Como nunca ninguém a recebeu
senão cansado de viver? Como a ninguém
sequer é concebível para quem lhe seja
um ente amado, um ser diverso, um corpo
que mais amamos que a nós próprios? Como
será que os animais, junto de nós,
a mostram na amargura de um olhar
que lânguido esmorece rebelado?

E desde sempre se morreu. Que prova?
Morrem os astros, porque acabam. Morre
tudo o que acaba, diz-se. Mas que prova?
Só prova que se morre de universo pouco,
do pouco de universo conquistado.

Não há limites para a Vida. Não
aquela que de um salto se formou
lá onde um dia alguns cristais comeram;
nem bem aquela que, animal e planta,
foi sendo pelo mundo esse morrer constante
de vidas que outras vidas alimentam
para que novas vidas surjam que
como primárias células se absorvam.
A Vida Humana, sim, a respirada,
suada, segregada, circulada,
a que é excremento e sangue, a que é semente
e é gozo e é dor e pele que palpita
ligeiramente fria sob ardentes dedos.
Não há limites para ela. É uma injustiça
que sempre se morresse, quando agora
de tanto que matava se não morre.
É o pouco de universo a que se agarram,
para morrer, os que possuem tudo.
O pouco que não basta e que nos mata,
quando como ele a Vida não se amplia,
e é como a pel' do onagro, que se encolhe,
retráctil e submissa, conformada.
É uma injustiça a morte. É cobardia
que alguém a aceite resignadamente.

O estado natural é complacência eterna,
é uma traição ao medo por que somos,
àquilo que nos cabe: ser o espírito
sempre mais vasto do Universo infindo.

O Sol, a Via Láctea, as nebulosas,
teremos e veremos até que
a Vida seja de imortais que somos
no instante em que da morte nos soltamos.
A Morte é deste mundo em que o pecado,
a queda, a falta originária, o mal
é aceitar seja o que for, rendidos.

E Deus não quer que nós, nenhum de nós,
nenhum aceite nada. Ele espera,
como um juiz na meta da corrida,
torcendo as mãos de desespero e angústia,
porque não pode fazer nada e vê
que os corredores desistem, se acomodam,
ou vão tombar exaustos no caminho.
De nós se acresce ele mesmo que será
o espírito que formos, o saber e a força.
Não é nos braços dele que repousamos,
mas ele se encontrará nos nossos braços
quando chegarmos mais além do que ele.
Não nos aguarda – a mim, a ti, a quem amaste,
a quem te amou, a quem te deu o ser –
não nos aguarda, não. Por cada morte
a que nos entregamos el' se vê roubado,
roído pelos ratos do demónio,
o homem natural que aceita a morte,
a natureza que de morte é feita.

Quando a hora chegar em que já tudo
na terra foi humano – carne e sangue –,
não haverá quem sopre nas trombetas
clamando o globo a um corpo só, informe,
um só desejo, um só amor, um sexo.
Fechados sobre a terra, ela nos sendo
e sendo ela nós todos, a ressurreição
é morte desse Deus que nos espera
para espírito seu e carne do Universo.
Para emergir nascemos. O pavor nos traça,
este destino claramente visto:
podem os mundos acabar, que a Vida,
voando nos espaços, outros mundos,
há-de encontrar em que se continue.
E, quando o infinito não mais fosse,
e o encontro houvesse de um limite dele,
a Vida com seus punhos levá-lo-á na frente,
para que em Espaço caiba a Eternidade.

ASSIS, 1/4/1961, SÁBADO DE ALELUIA

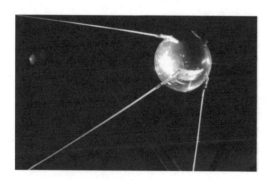

[12] Ilustra o poema uma foto do Sputnik I, lançado pela URSS em 1957.

QUATRO SONETOS A AFRODITE ANADIÓMENA[13]

I – PANDEMOS

Dentífona apriuna a veste iguana
de que se escalca auroma e tentavela.
Como superta e buritânea amela
se palquitonará transcêndia inana!

Que vúlcios defuratos, que inumana
sussúrrica donstália penicela,
às trícotas relesta demiquela,
fissivirão bolíneos, ó primana!

Dentívolos palpículos, baissai!
lingâmicos dolins, refucarai!
Por mamivornas contumai a veste!

E, quando prolifarem as sangrárias,
lambidonai tutílicos anárias,
tão placitantes como o pedipeste.

ASSIS, 6/5/61

II – ANÓSIA

Que marinais sob tão pora luva
de esbranforida pela retinada
não dão volpúcia de imajar anteada
a que moltínea se adamenta ocuva?

Bocam dedetos calcurando a fuva
que arfala e dúpia de antegor tutada,
e que tessalta de nigrors nevada.
Vitrai, vitrai, que estamineta cuva!

Labiliperta-se infanal a esvebe,
agluta, acedirasma, sucamina,
e maniter suavira o termidodo.

Que marinais dulcífima contebe,
ejacicasto, ejacifasto, arina!...
Que marinais, tão pora luva, todo...

ASSIS, 6/5/61

III – URÂNIA

Purília amancivalva emergidanto,
imarculado e rósea, alviridente,
na azúrea juventil conquinomente
transcurva de aste o fido corpo tanto...

Tenras nadáguas que oculvivam quanto
palidiscuro, retradito e olente
é mínimo desfincta, repente,
rasga e sedente ao duro latipranto.

Adónica se esvolve na ambolia
de terso antena avante palpinado.
Fimbril, filível, viridorna, gia

em túlida mancia, vaivinado.
Transcorre uníflo e suspentreme o dia
noturno ao lia e luçardente ao cado.

ASSIS, 14/5/61

IV – AMÁTIA

Timbórica, morfia, ó persefessa,
meláina, andrófona, repitimbídia,
ó basilissa, ó scótia, masturlídia,
amata cíprea, calipígea, tressa

de jardinatas nigras, pasifessa,
luni-rosácea lambidando erídia,
erínea, erítia, erótia, erânia, egídia,
eurínoma, ambológera, donlessa.

Áres, Hefáistos, Adonísio, tutos
alipigmaios, atilícios, futos
da lívia damitada, organissanta,

agonimais se esgorem morituros,
necrotentavos de escancárias duros,
tantisqua abradimembra a teia canta.

ASSIS, 20/6/61

[13] Antes da edição em livro, estes sonetos foram publicados na revista de vanguarda
Invenção (nº 2, 2º trimestre de 1962), editada pelo grupo concretista de São Paulo.
[Vide ao lado nota do autor].

Nota do autor

No Post-fácio a *Metamorfoses*, escrito em 1963 eram dadas várias explicações sobre a origem e as intenções dos "Quatro sonetos a Afrodite Anadiómena". Talvez seja oportuno, nesta ocasião, acrescentar mais alguns comentários. Como é sabido, estes sonetos, primeiro publicados em 1962, e outros textos análogos do autor mais tarde publicados, tiveram recepção contraditória: houve pessoas de cultura clássica que se indignaram, outras que se divertiram (umas e outras deixando escapar-se-lhes a seriedade da experiência, e algumas daquelas talvez por "pruderie" sem dúvida estranha em quem maneje os clássicos greco-latinos, nos originais não expurgados), outras que afectaram a mais total indiferença, visto que se tratava de experimentalismo, coisa que em Portugal já tinha os seus adeptos e donos, ou que se preparavam para sê-lo, e lá vinha eu, mais uma vez, fazer o que as pessoas se estavam a decidir a inventar. Independentemente da estima pessoal e/ou literária que me merecem muitos dos "experimentalistas" creio que esta tentativa era outro caminho, como ficou dito naquele post-fácio. Aí se dizia também que muitas das palavras "inventadas" e sobretudo no último soneto, o não eram, mas os epítetos gregos (e não todos os conhecidos) de Afrodite. Para o leitor comum que não está iniciado (menos por sua culpa, que pela da ignorância ou petulância de quem o inicia, que ou não sabe, ou acha que o público não merece nem necessita essas coisas para adquirir consciência de si mesmo) nestes mistérios sem mistério algum, adiante se indicam os significados de várias dessas palavras usadas ou deformadas nos sonetos:

pandemos – o amor vulgar, o amor como o de toda gente

urânia – Afrodite como o amor celeste

anadiómena – a que emerge das águas

anósia – "não sacra", maldita

timbórica – que abre ou cava os sepulcros

persefessa – rainha do inframundo

meldina – negra

andrófona – devoradora de homens

basilissa – rainha

scótia – sombria

calipígea – de belas nádegas

pasifessa – rebrilhante ao longe

eurínoma – mãe das graças

ambológera – que adia a velhice

erínea – como "meldina" era uma delas

epitimbídia – a que pousa nos túmulos (e o *r* anteposto no texto, junto com as letras seguintes *epit*, reitera uma ideia de repetição desse acto, ou de reforço dele)

e(pitra)gídia – a palavra completa significa a que cavalga um bode

Arte de música
—
1968

"If music be the food of love, play on."

SHAKESPEARE, *TWELFTH NIGHT*

*"Creo que el arte se aprende,
pero no se enseña."*

**MANUEL DE FALLA,
*ESCRITOS SOBRE MUSICA Y MUSICOS***

"LA CATHÉDRALE ENGLOUTIE" DE DEBUSSY[1]

Creio que nunca perdoarei o que me fez esta música.
Eu nada sabia de poesia, de literatura, e o piano
era, para mim, sem distinção entre a Viúva Alegre e Mozart,
o grande futuro paralelo a tudo o que eu seria
para satisfação de meus parentes todos. Mesmo a Música,
eles achavam-na demais, imprópria de um rapaz
que era pretendido igual a todos eles: alto ou baixo
                                 [funcionário público,
civil ou militar. Eu lia muito, é certo. Lera
o Ponson du Terrail, o Campos Júnior, o Verne e o Salgari,
e o Eça e o Pascoaes. E lera também
nuns caderninhos que me eram permitidos porque
                                [aperfeiçoavam o francês,
e a Livraria Larousse editava para crianças mais novas
                                    [do que eu era,
a história da catedral de Ys submersa nas águas.

Um dia, no rádio Pilot da minha Avó, ouvi
uma série de acordes aquáticos, que os pedais faziam
                                   [pensativos,
mas cujas dissonâncias eram a imagem tremulante
daquelas fendas ténues que na vida,
na minha e na dos outros, ou havia ou faltavam.

Foi como se as águas se me abrissem para ouvir os sinos,
os cânticos, e o eco das abóbadas, e ver as altas torres
sobre que as ondas glaucas se espumavam tranquilas.
Nas naves povoadas de limos e de anémonas, vi que
                                    [perpassavam
almas penadas como as do Marão e que eu temia
em todos os estalidos e cantos escuros da casa.

Ante um caderno, tentei dizer tudo isso. Mas
só a música que comprei e estudei ao piano mo ensinou
mas sem palavras. Escrevi. Como o vaso da China,
pomposo e com dragões em relevo, que havia na sala,
e que uma criada ao espanejar partiu,
e dele saíram lixo e papéis velhos lá caídos,
as fissuras da vida abriram-se-me para sempre,
ainda que o sentido de muitas eu só entendesse mais tarde.

Submersa catedral inacessível! Como perdoarei
aquele momento em que do rádio vieste,
solene e vaga e grave, de sob as águas que
marinhas me seriam meu destino perdido?
É desta imprecisão que eu tenho ódio:
nunca mais pude ser eu mesmo – esse homem parvo
que, nascido do jovem tiranizado e triste,
viveria tranquilamente arreliado até à morte.
Passei a ser esta soma teimosa do que não existe:
exigência, anseio, dúvida e gosto
de impor aos outros a visão profunda,
não a visão que eles fingem,

mas a visão que recusam:
esse lixo do mundo e papéis velhos
que sai dum jarrão exótico que a criada partiu,
como a catedral se irisa em acordes que ficam
na memória das coisas como um livro infantil
de lendas de outras terras que não são a minha.

Os acordes perpassam cristalinos sob um fundo surdo
que docemente ecoa. Música literata e fascinante,
nojenta do que por ela em mim se fez poesia,
esta desgraça impotente de actuar no mundo,
e que só sabe negar-se e constranger-me a ser
o que luta no vácuo de si mesmo e dos outros.

Ó catedral de sons e de água! Ó música
sombria e luminosa! Ó vácua solidão
tranquila! Ó agonia doce e calculada!
Ah como havia em ti, tão só prelúdio,
tamanho alvorecer, por sob ou sobre as águas,
de negros sóis e brancos céus nocturnos?
Eu hei-de perdoar-te? Eu hei-de ouvir-te ainda?
Mais uma vez eu te ouço, ou tu, perdão, me escutas?

31/12/1964

[1] **Nota do autor** A minha 1ª audição do n. 10 do vol. I dos *Préludes*, de Debussy, nos termos do poema, ocorreu em 1936, e foi sob a impressão dela que primeiro escrevi versos. A interpretação gravada que então ouvi foi, suponho, a de Walter Gieseking, que aliás veio a gravar a série mais do que uma vez.

BACH: VARIAÇÕES GOLDBERG[2]

A música é só música, eu sei. Não há
outros termos em que falar dela a não ser que
ela mesma seja menos que si mesma. Mas
o caso é que falar de música em tais termos
é como descrever um quadro em cores e formas e volumes, sem
mostrá-lo ou sem sequer havê-lo visto alguma vez.
Vejamo-lo, bem sei, calados, vendo. E se a música
for música, ouçamo-la e mais nada. No entanto,
nenhum silêncio recolhido nos persiste além
de alguns minutos. E não dura na memória como
silêncio. Ou, se dura, esse silêncio cala
a própria música que adora. Porque a música
não é silêncio mas silêncio que
anuncia ou prenuncia o som e o ritmo.
Se os sons, porém, não são de devaneio,
e sim a inteligência que no abstracto busca
ad infinitum combinações possíveis bem que ilimitadas;
se tudo se organiza como a variada imagem
de uma ideia despojada de sentido;
se tudo soa como a própria liberdade dos acasos lógicos
que os grupos, e os grandes números, e as proporções
conhecem necessários; se tudo repercute como
em cânones cada vez mais complexos que não desenvol-
vem um raciocínio mas o transformam de um si mesmo em si;

se tudo se acumula menos como som que como pedras
esculpidas em volutas brancas e douradas cujos
recantos de sombra são um *trompe-l'œil*
para que elas mais sejam em paredes curvas;
se uma alegria é força de viver e de inventar e de
bater nas teclas em cascatas de ordem;
e se tudo existiu na música para tal triunfo
e dele descende tudo o que de arquitectura
possa existir em notas sem sentido – COMO
não proclamar que essa grandeza imensa
não se comove com íntimos segredos (mesmo implica
que não haja segredo em nada que se faça
a não ser o espanto de fazer-se aquilo),
é como que uma cúpula de som dentro da qual
possamos ter consciência de que o homem é, por vezes,
maior do que si mesmo. E que nada no mundo,
ainda que volte ao tema inicial, repete
o que foi proposto como tema para
se transformar no tempo que contém. Quando, no fim,
aquele tema torna não é para encerrar
num círculo fechado uma odisseia em teclas,
mas para colocar-nos ante a lucidez
de que não há regresso após tanta invenção.
Nem a música, nem nós, somos os mesmos já.

Não porque o tempo passe, ou porque a cúpula se erga,
para sempre, entre nós e nós próprios. Não. Mas sim porque
o virtual de um pensamento, se tornou ali
uma evidência: *se tornou concreto.*
Um concreto de coisas exteriores – e o espanto é esse –
igual ao que de abstracto têm as interiores que o sejam.
Será que alguma vez, senão aqui,
aconteceu tamanha suspensão da realidade a ponto
de real e virtual serem idênticos, e de nós
não sermos mais o quem que ouve, mas quem é? A ponto de
nós termos sido música somente?

9/1/1966

[2] **Nota do autor** Este poema foi escrito após um concerto em Madison,
Wisconsin, no qual Rosalyn Tureck interpretou a obra. Mas, durante a composição
do poema, foi ouvida a interpretação de Peter Serkin (Victor Records).

FANTASIAS DE MOZART, PARA TECLA[3]

Entre Haydn e Chopin, aberto para o que um foi
e o outro poderia ter sido, havia neste homem uma vida oculta
da sua própria vida, das próprias formas a que fingia
                         [escravizar-se
alegremente, da mesma graça leve e melancólica que era o mais
que, em música, a imaginação e a sociedade permitiam
como consciência crítica da vida. Havia estranhamente
um sentimento do mundo, em que o homem devia ser
não apenas ele mesmo afirmadoramente, mas, mais do que isso,
devia ser, além da consciência de si mesmo, colectivamente
feliz. Um mundo em que a alegria não devia ser
só a nostálgica presença da felicidade sempre mais sonhada
que vivida, mas uma estrutura de se estar no mundo
consigo e com os outros. Nestas divagações
perpassa uma coisa estranha, inteiramente nova:
uma alma.
Que não é preexistente a nenhuma música,
e que nenhuma música é criada para exprimir.
Uma alma que podia parecer ao próprio músico
aquela que se perde ou que se ganha nos rituais ocultos
de aceitar-se a vida como sonho ascensional.

E que todavia era apenas o que não temos ainda meio de chamar
outra coisa que alma, não do mundo, não daquele homem,
mas a firmeza de reconhecer-se, através da criação
de formas que se multiplicam, a criação dela mesma
como a relação, o laço, o traço, o equilíbrio
entre um homem que é mais do que si mesmo
e um mundo que sempre outro se amplia de homens
felizes de que a música os não diga
mas os faça. Como
foi possível que este homem alguma vez morresse?

18/9/1965

[3] **Nota do autor** As fantasias de Mozart para instrumento de tecla, a duas mãos, são quatro
(K 396, K 397, K 475, K 608), não se contando a fantasia e fuga K 394. O poema baseia-se
naquelas quatro, com especial incidência nas K 397 e K 475, tal como Kempf as gravou.

"REQUIEM" DE MOZART[4]

I
Ouço-te, ó música, subir aguda
à convergente solidão gelada.
Ouço-te, ó música, chegar desnuda
ao vácuo centro, aonde, sustentada
e da esférica treva rodeada,
tu resplandeces e cintilas muda
como o silente gesto, a mão espalmada
por sobre a solidão que amante exsuda
e lacrimosa escorre pelo espaço
além de que só luz grita o pavor.
Ouço-te lá pousada, equidistante
desse clarão cuja doçura é de aço
como do frágil mas potente amor
que em teu ouvir-te queda esvoaçante.

II

Ó música da morte, ó vozes tantas
e tão agudas, que o estertor se cala.
Ó música da carne amargurada
de tanto ter perdido que ora esquece.
Ó música de morte, ah quantas, quantas
mortes gritaram no que em ti não fala.
Ó música da mente espedaçada
de tanto ter sonhado o que entretece,
sem cor e sem sentido, no fervor
de sublimar-se nesse além que és tu.
Ó vida feita uma detida morte.
Ó morte feita um inocente amor.
Amor que as asas sobre o corpo nu
fecha tranquilas no possuir da sorte.

III

Além do falso ou verdadeiro, além
do abstracto e do concreto, além da forma
e do conceito, além do que transforma
contrários pares noutros par's também,
além do que recorre ou nunca vem
ao que se pensa ou sente, além da norma
em que o não-ser se humilha e se conforma,
além do possuir-se, e para além
dessa certeza que outro ritmo dá
àquele de que as palavras têm sentido:
lá onde ouvir e não-ouvir se igualam
na mesma imagem virtual do na-
da – é que tu vais, ó música, partido
o nó dos tempos que por ti se calam.

IV
Tudo se cala em ti como na vida
Tudo palpita e flui como no leito
em que se morre ou se ama, já desfeito
o abraço do momento em que, sustida
a sensação da posse conseguida,
a carne pára a ejacular-se atenta.
Tudo é prazer em ti. Quanto alimenta
esta glória de existir, trazida
a cada instante só do instante ser-se,
reflui em ti, liberto, puro, aflante,
certeza e segurança de conter-se
na criação virtual o renascer-se
agora e sempre pelo tempo adiante,
mesmo esquecido. Em ti, o conhecer-se
deste possível é a paz do amante.

**16/4/1962, REVISTO EM 15/10/1967 E
ACRESCENTADOS OS DOIS ÚLTIMOS POEMAS**

[4] **Nota do autor** Ouvida muitas vezes, esta missa de *requiem*, encomendada a Mozart quando a vida se lhe extinguia (e que ele compôs como seu cântico fúnebre), depende, neste poema, não só da interpretação de Karl Richter, à frente do Coro e Orquestra Münchener-Bach, como das próprias palavras, dolorosamente pungentes, de Mozart. "A minha hora soou. Tenho de morrer. Cheguei ao fim, antes de ter podido fruir do meu talento. A vida é tão bela. A minha carreira começou tão promissoramente. Mas não se pode alterar o destino que nos cabe. Ninguém pode medir a duração da vida. Há que aceitar a vontade da Providência. E, assim, estou concluindo o meu cântico fúnebre. Não posso deixá-lo inacabado" (carta de escassos dois meses antes da morte a 5 de Dezembro de 1791). Deixou, e foi Süssmayer quem o completou, com fidelidade de discípulo.

A MORTE DE ISOLDA[5]

Nesta fluidez contínua de um tecido vivo
que se distende arfando como um longo sexo
viscosamente se enrolando em torno ao mundo
que não penetra mas ansiosamente
estrangula em húmidos anéis
fosforescentes de ansiedade doce
e resignada à morte
em roncos e estridências lacrimosas,
palpita a frustração do amor maldito
porque de um filtro só nasceu.
Por mais que de crescendos delirantes
se evolem as volutas de uma chama ambígua,
nesta fluidez sem tempo não há gozo algum,
mas o prazer remoto do que não foi vivido
senão como entressonho e fatal gesto;
e mesmo este balanço largamente harmónico
que se exaspera e expira em tão agudas posses
é cópula mental.

Nesta doçura que ao silêncio imóvel
acaba retornando, não há uma paz dos rostos que se pousam,
enquanto os sexos se demoram penetrados
no puro e tão tranquilo esgotamento da chegada
que só ternura torna simultânea.
Não há, mas só tristeza infinda e fina
e tão terrível de que, estrangulado,
o amor no mundo é morte impenetrável: dois
seres que o sexo destruiu,
estéreis como o sopro da serpente eterna.

Fica-nos o gosto da piedade.
E uma vontade de enterrá-los juntos
p'ra que talvez na morte – imaginada – se conheçam
melhor do que se amaram. E também o ardor
de uma impotência que se quis só sexo
virgem demais para um amor da vida.

8/3/1964

[5] **Nota do autor** Este poema não se refere a qualquer das muitas interpretações
da *Liebestod* do *Tristão*. Espectacularmente, ficou para mim como uma experiência
inesquecível a representação da ópera, no Teatro de São Carlos, em Lisboa, em Junho de
1943, pela Companhia de Bayreuth com a Orquestra Sinfónica de Berlim, dirigida por Robert
Heger. Do poema não se deve depreender uma menos admiração por Wagner, cuja obra é,
para mim, às vezes, ainda que nem sempre, a mais completa satisfação musical (e, neste
quadro, o 3º acto do *Tristão* ocupa naturalmente um primeiro lugar).

MAHLER: SINFONIA DA RESSURREIÇÃO

Ante este ímpeto de sons e silêncio,
ante tais gritos de furiosa paz,
ante um furor tamanho de existir-se eterno,
há Portas no Infinito que resistam?
Há Infinito que resista a não ter portas
para serem forçadas? Há um Paraíso
que não deseje ser verdade? E que Paraíso
pode sonhar-se a si mesmo mais real do que este?

MADISON, 28/6/1967

A PIAF[6]

Esta voz que sabia fazer-se canalha e rouca,
ou docemente lírica e sentimental,
ou tumultuosamente gritada para as fúrias santas do "Ça ira",
ou apenas recitar meditativa, entoada, dos sonhos perdidos,
dos amores de uma noite que deixam uma memória gloriosa,
e dos que só deixam, anos seguidos, amargura e um vazio ao lado
nas noites desesperadas da carne saudosa que se não conforma
de não ter tido plenamente a carne que a traiu,
esta voz persiste graciosa e sinistra, depois da morte,
como exactamente a vida que os outros continuam vivendo
ante os olhos que se fazem garganta e palavras
para dizerem não do que sempre viram mas do que adivinham
nesta sombra que se estende luminosa por dentro
das multidões solitárias que teimam em resistir
como melodias valsando suburbanas
nas vielas do amor
e do mundo.

Quem tinha assim a morte na sua voz
e na vida. Quem como ela perdeu
toda a alegria e toda a esperança
é que pode cantar com esta ciência
o desespero de ser-se um ser humano
entre os humanos que o são tão pouco.

6/10/1964

[6] **Nota do autor** Sendo Edith Piaf uma personalidade e não um compositor, o poema não se refere a determinadas canções dela. O que, de resto, pode ajudar a esclarecer o que ficou dito no post-fácio [do livro *Arte de música*, sobre a "música chamada ligeira"]. Não é, na verdade, a canção americana, ou francesa etc., o que pode interessar-me, mas as personalidades que, interpretando-as, as autonomizam humanamente, com uma diferenciação que, na música séria, são as obras dos grandes compositores quem representa.

Peregrinatio ad loca infecta
1969

"Quid brevi fortes jaculamur aevo
Multa? Quid terras alio calentes
Sole mutamus? Patriae quis exul
    Se quoque fugit?"

(Porque, se a vida é breve, tantas cousas
buscamos? Para que terras alheias
por outros sóis candentes?
Quem da Pátria
    sai a si mesmo escapa?)

HORÁCIO, *ODES*, II, 16

"QUEM MUITO VIU..."

Quem muito viu, sofreu, passou trabalhos,
mágoas, humilhações, tristes surpresas;
e foi traído, e foi roubado, e foi
privado em extremo da justiça justa;

e andou terras e gentes, conheceu
os mundos e submundos; e viveu
dentro de si o amor de ter criado;
quem tudo leu e amou, quem tudo foi –

não sabe nada, nem triunfar lhe cabe
em sorte como a todos os que vivem.
Apenas não viver lhe dava tudo.

Inquieto e franco, altivo e carinhoso,
será sempre sem pátria. E a própria morte,
quando o buscar, há-de encontrá-lo morto.

1961

GLOSA DE GUIDO CAVALCANTI

Perch'i' no spero di tornar giammai

Porque não espero de jamais voltar
à terra em que nasci; porque não espero,
ainda que volte, de encontrá-la pronta
a conhecer-me como agora sei

que eu a conheço; porque não espero
sofrer saudades, ou perder a conta
dos dias que vivi sem a lembrar;
porque não espero nada, e morrerei

no exílio sempre, mas fiel ao mundo,
já que de outro nenhum morro exilado;
porque não espero, do meu poço fundo,

olhar o céu e ver mais que azulado
esse ar que ainda respiro, esse ar imundo
por quantos que me ignoram respirado;

porque não espero, espero contentado.

11/6/1961

TENTAÇÕES DO APOCALIPSE

Não é de poesia que precisa o mundo.
Aliás, nunca precisou. Foi sempre
uma excrescência escandalosa que
se lhe dissesse como é infame a vida
que não vivamos para outrem nele.
E nunca, só de ser, disse a poesia
uma outra coisa, ainda quando finge
que de sobreviver se faz a vida.
O mundo precisa de morte. Não da morte
com que assassina diariamente quantos teimam
em dizer-lhe da grandeza de estar vivo.
Nem da morte que o mata pouco a pouco,
e de que todos se livram no enterro dos outros.
Mas sim da morte que o mate como um percevejo,
uma pulga, um piolho, uma barata, um rato.
Ou que a bomba venha para estas culpas,
se foi para isso que fizemos filhos.
Há que fazer voltar à massa primitiva
esta imundície. E que, na turpitude
de existir-se, ao menos possa haver
as alegrias ingênuas de todo o recomeço.
Que os sóis desabem. Que as estrelas morram.
Que tudo recomece desde quando a luz
não fora ainda separada às trevas
do espaço sem matéria. Nem havia um espírito
flanando ocioso sobre as águas quietas,
que pudesse mentir-se olhando a Criação.
(O mais seguro, porém, é não recomeçar.)

21/5/1964

AMOR

Amor, amor, amor, como não amam
os que de amar o amor de amar não sabem,
como não amam se de amor não pensam
os que de amar o amor de amar não gozam.
Amor, amor, nenhum amor, nenhum
em vez do sempre amar que o gesto prende
o olhar ao corpo que perpassa amante
e não será de amor se outro não for
que novamente passe como amor que é novo.
Não se ama o que se tem nem se deseja
o que não temos nesse amor que amamos,
mas só amamos quando amamos o acto
em que de amor o amor de amar se cumpre.
Amor, amor, nem antes, nem depois,
amor que não possui, amor que não se dá,
amor que dura apenas sem palavras tudo
o que no sexo é o sexo só por si amado.
Amor de amor de amar de amor tranquilamente
o oleoso repetir das carnes que se roçam
até ao instante em que paradas tremem
de ansioso terminar o amor que recomeça.
Amor, amor, amor, como não amam
os que de amar o amor de amar o amor não amam.

16/6/1965

EM CRETA, COM O MINOTAURO

I
Nascido em Portugal, de pais portugueses,
e pai de brasileiros no Brasil,
serei talvez norte-americano quando lá estiver.
Coleccionarei nacionalidades como camisas se despem,
se usam e se deitam fora, com todo o respeito
necessário à roupa que se veste e que prestou serviço.
Eu sou eu mesmo a minha pátria. A pátria
de que escrevo é a língua em que por acaso de gerações
nasci. E a do que faço e de que vivo é esta
raiva que tenho de pouca humanidade neste mundo
quando não acredito em outro, e só outro quereria que
este mesmo fosse. Mas, se um dia me esquecer de tudo,
espero envelhecer
tomando café em Creta
com o Minotauro,
sob o olhar de deuses sem vergonha.

II
O Minotauro compreender-me-á.
Tem cornos, como os sábios e os inimigos da vida.
É metade boi e metade homem, como todos os homens.
Violava e devorava virgens, como todas as bestas.
Filho de Pasifaë, foi irmão de um verso de Racine,
que Valéry, o cretino, achava um dos mais belos da "langue".
Irmão também de Ariadne, embrulharam-no num novelo de
[que se lixou.
Teseu, o herói, e, como todos os gregos heróicos, um filho da puta,
riu-lhe no focinho respeitável.
O Minotauro compreender-me-á, tomará café comigo, enquanto
o sol serenamente desce sobre o mar, e as sombras,
cheias de ninfas e de efebos desempregados,
se cerrarão dulcíssimas nas chávenas,
como o açúcar que mexeremos com o dedo sujo
de investigar as origens da vida.

III

É aí que eu quero reencontrar-me de ter deixado
a vida pelo mundo em pedaços repartida, como dizia
aquele pobre diabo que o Minotauro não leu, porque,
como toda a gente, não sabe português.
Também eu não sei grego, segundo as mais seguras
[informações.
Conversaremos em volapuque, já
que nenhum de nós o sabe. O Minotauro
não falava grego, não era grego, viveu antes da Grécia,
de toda esta merda douta que nos cobre há séculos,
cagada pelos nossos escravos, ou por nós quando somos
os escravos de outros. Ao café,
diremos um ao outro as nossas mágoas.

IV
Com pátrias nos compram e nos vendem, à falta
de pátrias que se vendam suficientemente caras para
                                    [haver vergonha
de não pertencer a elas. Nem eu, nem o Minotauro,
teremos nenhuma pátria. Apenas o café,
aromático e bem forte, não da Arábia ou do Brasil,
da Fedecam, ou de Angola, ou parte alguma. Mas café
contudo e que eu, com filial ternura,
verei escorrer-lhe do queixo de boi
até aos joelhos de homem que não sabe
de quem herdou, se do pai, se da mãe,
os cornos retorcidos que lhe ornam a
nobre fronte anterior a Atenas, e, quem sabe,
à Palestina, e outros lugares turísticos,
imensamente patrióticos.

V
Em Creta, com o Minotauro,
sem versos e sem vida,
sem pátrias e sem espírito,
sem nada, nem ninguém,
que não o dedo sujo,
hei-de tomar em paz o meu café.

5/7/1965

À MEMÓRIA DE KAZANTZAKIS, E A
QUANTOS FIZERAM O FILME "ZORBA THE GREEK"[1]

Deixa os gregos os gregos em paz, recomendou
uma vez um poeta a outro que falava
de gregos. Mas este poeta, o que falava
de gregos, não pensava neles ou na Grécia. O outro
também não. Porque um pensava em estátuas brancas
e na beleza delas e na liberdade
de adorá-las sem folha de parra, que
nem mesmo os próprios deuses são isentos hoje
de ter de usar. E o outro apenas detestava,
nesse falar de gregos, não a troca falsa
dos deuses pelos corpos, mas o que lhe parecia
traição à nossa vida amarga, em nome de evasões
(que talvez não houvesse) para um passado
revoluto, extinto, e depilado.

Apenas Grécia nunca houve como
essa inventada nos compêndios pela nostalgia
de uma harmonia branca. Nem a Grécia
deixou de ser – como nós não – essa barbárie cínica,
essa violência racional e arguta, uma áspera doçura
do mar e da montanha, das pedras e das nuvens,
e de caiadas casas com harpias negras
que sob o azul do céu persistem dentro em nós,
tão sórdidas, tão puras – as casas e as harpias
e a paisagem idem – como agrestes ilhas
sugando secas todo o vento em volta.

E que não só persistem. Porque as somos:
ou tendo-as circunstantes, ou em faces, gestos,
que vão do Atlântico ao Mar Negro, ou vendo-as
não só em sonhos, mas nesta odisseia
de quem, como de Ulisses, uma vida inteira
é qual regresso à pátria demorado
para que apenas de velhice ainda a aceitemos.

Na Grécia todavia, e mais que em Grécia Creta,
isso que somos regrediu. Distância
muito maior existe em ter ficado igual
num mundo que mudou, e em ter ficado o mesmo,
vivendo como de hoje, entre as antigas pedras
guardando em si o mugir do Minotauro
(e os gritos virginais das suas vítimas),
que, em como nós, não ter nascido ali
mas onde apenas derradeiros gregos
vieram.

Por isso, este vibrar de cordas que é uma dança de homens
saltando delicados em furioso êxtase
perante a própria essência de estar vivo
(ó Diónisos, ó Moiras, ó sinistras sombras)
nos fascina tanto. O que é profundo volta,
o que está longe volta, o que está perto é longe,
e o que nos paira n'alma é uma distância elísia.

No lapidar-se a viúva que resiste aos homens
para entregar-se àquele que hesita em possuí-la
e a quem, Centauro, Zorba dá conselhos de
viver-se implume bípede montado
na trípode do sexo que transforma em porcos
os amantes de Circe, mas em homens
aqueles que a violam; nesta prostituta que,
sentimental, ainda vaidosa, uma miséria d'Art Nouveau
trazida por impérios disputando Creta,
será na morte o puro nada feminino que as harpias despem;
e neste Zorba irresponsável, cru, que se agonia
no mar revolto da odisseia, mas
perpassa incólume entre a dor e a morte,
entre a miséria e o vício, entre a guerra e a paz,
para pousar a mão nesse ombro juvenil
de quem não é Telémaco – há nisto,
e na rudeza com que a terra é terra,
e o mar é mar, e a praia praia, o tom
exacto de uma música divina. Os deuses,
se os houve alguma vez, eram assim.
E, quando se esqueciam contemplando
o escasso formigar da humanidade que
tinha cidades como aldeias destas, neles
(como num sexo que palpita e engrossa)
vibrava este som claro de arranhadas cordas
que o turvo som das percussões pontua.

Deixemos, sim, em paz os gregos. Mas,
nus ou vestidos, menos do que humanos, eles
divinamente são a guerra em nós. Ah não
as guerras sanguinárias, o sofrer que seja
o bem e o mal, e a dor de não ser livre.
Mas sim o viver com fúria, este gastar da vida,
este saber que a vida é coisa que se ensina,
mas não se aprende. Apenas
pode ser dançada.

MADISON, JANEIRO 1966

[1] *Zorba, o grego* (1964), baseado no romance de Nikos Kazantzakis, foi realizado por Michael Cacoyannis. Teve Anthony Quinn e Alan Bates como principais atores. Filmado em Creta; o tema musical "Sirtaki" é de Mikis Theodorakis.

NOUTROS LUGARES

Não é que ser possível ser feliz acabe,
quando se aprende a sê-lo com bem pouco.
Ou que não mais saibamos repetir o gesto
que mais prazer nos dá, ou que daria
a outrem um prazer irresistível. Não:
o tempo nos afina e nos apura:
faríamos o gesto com infinda ciência.
Não é que passem as pessoas, quando
o nosso pouco é feito da passagem delas.
Nem é também que ao jovem seja dado
o que a mais velhos se recusa. Não.

É que os lugares acabam. Ou ainda antes
de serem destruídos, as pessoas somem,
e não mais voltam onde parecia
que elas ou outras voltariam sempre
por toda a eternidade. Mas não voltam,
desviadas por razões ou por razão nenhuma.

É que as maneiras, modos, circunstâncias
mudam. Desertas ficam praias que brilhavam
não de água ou sol mas de solta juventude.
As ruas rasgam casas onde leitos
já frios e lavados não rangiam mais.
E portas encostadas só se abrem sobre
a treva que nenhuma sombra aquece.

O modo como tínhamos ou víamos,
em que com tempo o gesto sempre o mesmo
faríamos com ciência refinada e sábia
(o mesmo gesto que seria útil,
se o modo e a circunstância persistissem),
tornou-se sem sentido e sem lugar.

Os outros passam, tocam-se, separam-se,
exatamente como dantes. Mas
aonde e como? Aonde e como? Quando?
Em que praias, que ruas, casas, e quais leitos,
a que horas do dia ou da noite, não sei.
Apenas sei que as circunstâncias mudam
e que os lugares acabam. E que a gente
não volta ou não repete, e sem razão, o que
só por acaso era a razão dos outros.

Se do que vi ou tive uma saudade sinto,
feita de raiva e do vazio gélido,
não é saudade, não. Mas muito apenas
o horror de não saber como se sabe agora
o mesmo que aprendi. E a solidão
de tudo ser igual doutra maneira.
E o medo de que a vida seja isto:
um hábito quebrado que se não realu,
senão noutros lugares que não conheço.

MADISON, 21/1/1967

HOMENAGEM A TOMÁS ANTÓNIO GONZAGA

Gonzaga: podias não ter dito mais nada,
não ter escrito senão insuportáveis versos
de um árcade pedante, numa língua bífida
para o coloquial e o latim às avessas.

Mas uma vez disseste:
"eu tenho um coração maior que o mundo".
Pouco importa em que circunstâncias o disseste:

Um coração maior que o mundo –
uma das mais raras coisas
que um poeta disse.

Talvez que a tenhas copiado
de algum velho clássico. Mas como
a tu disseste, Gonzaga! Por certo

que o teu coração era maior que o mundo:
nem pátrias nem Marílias te bastavam.

(Ainda que em Moçambique, como Rimbaud na Etiópia,
engordasses depois vendendo escravos.)

MADISON, 13/4/1968

CHARTRES OU AS PAZES COM A EUROPA[2]

Em Chartres, ó Péguy, eu fiz as pazes
com a Europa. Não que eu estivesse zangado,
mas estava esquecido. Primeiro
o almoço num pequeno hotel da praça
nem sequer de luxo, e todavia,
no domingo burguês com as famílias
"déjeunant en ville", tão "vieille France",
e os criados felizes de servirem bem,
e a gente feliz de assim comer com tempo,
gosto, prazer, e elegância. Da *Réserve
Couronnée*, ou do meio-dia planturoso e fosco,
fiquei tocado até às lágrimas.
Estou a ficar gagá, "tout doucement".

Depois, Nossa Senhora, Chartres, Idade Média,
e a paz desta saudade n'alma
e a certeza de que este mundo tem de resistir
– e há-de resistir – à grosseria,
às bestas e ao vulgar, às multidões, a tudo:
como o "veau flambé", como os vitrais de glória,
como esta flecha erguida sobre a Beauce,
imagem tão viril de Notre-Dame
a meio das campinas infinitas
que os séculos dos séculos calcaram
até fazê-las este plano horizontal de que,
portais de majestade, concreção de fé,

a nossa humanidade é pedra sem retorno
à natureza informe. Tal como a Deusa-Mãe
na cripta contida se transforma
nesta de vidros ascensão fremente
de cores que a luz acende mas não passa.

Europa, minha terra, aqui te encontro
e à nossa humanidade assim translúcida
e tão de pedra nos pilares sombrios.

CHARTRES, 10/11/1968

[2] **Nota do autor** No poema sobre Chartres, há que saber que a catedral foi construída sobre um templo pagão da Deusa-Mãe, absorvido na sua cripta, tal como Nossa Senhora foi identificada com ela.

VILA ADRIANA[3]

De súbito, entre as casas rústicas, e a estrada,
e o monte agreste e Tivoli, o invisível
oásis gigantesco.
                Ao sol que passa
um arvoredo esparso, os campos verdes e
paredes, termas, anfiteatros, lagos,
e a paz serena e longa do Canopo
onde como antes cisnes vogam.

Palácio, o império em miniatura,
e sobretudo a solidão povoada
de guardas, secretários, servidores,
e gladiadores, e de uma sombra hercúlea,
ao mesmo tempo ténue e flexível,
e em cuja fronte os caracóis se enredam.

Neste silêncio em ruína, as sombras descem frias.

Mas para sempre o Imperador está vivo,
e o sonho imenso de um poder tranquilo
em que até mesmo escravos fossem livres
e as almas fossem corpos só tementes
de não salvar na vida o ser-se belo e jovem.

[MAIO 1969]

---

[3] **Nota do autor** O poema sobre a Vila Adriana – o gigantesco palácio que Adriano fez
construir nos arredores de Roma e próximo a Tibur (a actual Tivoli) – procura transmitir a
impressão inesquecível que é uma visita a esse colossal deserto de ruínas, ao mesmo tempo
imensas e delicadas. A sombra hercúlea, ténue e flexível, é evidentemente a de Antínoo
que Adriano endeusou depois da morte (cf. o poema em inglês de Fernando Pessoa, sobre o
assunto), e cujas estátuas representam o culto de que foi objecto.

GANIMEDES[4]

Os pensamentos pastam na verdura,
balindo mansamente em torno dele,
e o rio corre sussurrante em pedras
que as sombras do arvoredo fazem negras.

Numa árvore se encosta o torso magro
que os cotovelos finca nos erguidos joelhos,
enquanto as finas ancas pousam na verdura
e de uma sombra entre elas pende uma brancura.

Delicados e firmes, os lábios se contraem
na tersa flauta em que seus dedos dançam
ao mesmo tempo segurando-a leves.
Quase é silêncio a curta melodia.

De fundo e vítreo azul que imobiliza
o campo e o arvoredo, um ponto negro vem
crescendo em asas, garras, bico adunco
entreaberto à frente de sanguíneos olhos.

E adeja no alto, imensa e monstruosa,
uma ave gigantesca. Os pensamentos sentem-na,
que os faz fugir, dispersos, assustados.
A melodia se suspende. O pastor olha.

Numa surpresa vê que as asas se desabam
sobre ele, escurecendo e recobrindo tudo.
Quando abre os olhos, elas voam vastas
entre ele e o azul, e as garras pela cinta o cingem.

Lá em baixo o rio brilha entre o arvoredo,
e pontos brancos, vagos, são o seu rebanho.
O bico hiante à sua boca chega
numa doçura a adormentá-lo inteiro.

E a negridão se acende pouco a pouco
de um resplendor de carne que é o do céu em volta,
e que o rodeia e rasga de um calor ardente
em que seu corpo avança como un róseo dardo.

Mas quem avança em quem? O deus se entrega,
ou é quem viola, e como, o corpo arrebatado?
Quem é senhor de quem? Ou sempre, ou mutuamente?
Ou cada um se humilha à sujeição do outro?

E mais: sem que o soubesse, aquele humano estava
já destinado às garras longamente curvas?
Ou por acaso foi que o deus se apaixonou?
E essa paixão durou? E que destino teve

o rebanho dispersado em susto? E a flauta
que entre a verdura mal se vê, perdida?
E o corpo do pastor, que pensa agora?
Só isto – o decisivo – não sabemos.

1969

---

[4] **Nota do autor** Sobre este mito, e a sua utilização pela literatura ocidental,
ver o nosso estudo sobre "O sangue de Átis" (*O Tempo e o Modo*, nº 29, 1965), agora
coligido em *Dialéticas aplicadas da literatura*, Lisboa, 1978.

Exorcismos
1972

"Presentemente o poder dos demónios e dos maus é limitado. Não podem fazer todo o mal que desejariam. Está escrito que "os maus giram em círculo". Depois de terem feito algumas evoluções, voltam sempre para o ponto, de onde partiram. "

HISTÓRIA DO ANTICRISTO, TRADUZIDO EM PORTUGUÊS POR UM PÁROCO DO PATRIARCADO, LISBOA, 1869

AVISO DE PORTA DE LIVRARIA

Não leiam delicados este livro,
sobretudo os heróis do palavrão doméstico,
as ninfas machas, as vestais do puro,
os que andam aos pulinhos num pé só,
com as duas castas mãos uma atrás e outra adiante,
enquanto com a terceira vão tapando a boca
dos que andam com dois pés sem medo das palavras.

E quem de amor não sabe fuja dele:
qualquer amor desde o da carne àquele
que só de si se move, não movido
de prêmio vil, mas alto e quase eterno.
De amor e de poesia e de ter pátria
aqui se trata: que a ralé não passe
este limiar sagrado e não se atreva
a encher de ratos este espaço livre
onde se morre em dignidade humana
a dor de haver nascido em Portugal
sem mais remédio que trazê-lo n'alma.

25/1/1972

ARTE DE AMAR

Quem diz de amor fazer que os actos não são belos
que sabe ou sonha de beleza? Quem
sente que suja ou é sujado por fazê-los
que goza de si mesmo e com alguém?

Só não é belo o que se não deseja
ou que ao nosso desejo mal responde.
E suja ou é sujado que não seja
feito do ardor que se não nega ou esconde.

Que gestos há mais belos que os do sexo?
Que corpo belo é menos belo em movimento?
E que mover-se um corpo no de um outro o amplexo
não é dos corpos o mais puro intento?

Olhos se fechem não para não ver
mas para o corpo ver o que eles não,
e no silêncio se ouça só o ranger
da carne que é da carne a só razão.

JANEIRO 1971

"POUCO A POUCO..."

Pouco a pouco me esqueço, e não sei nada.
Assim será a morte, e o que da morte
é sono e dor aguda que me crispa plácido
em sonhos dissolvidos sem anseio ou mágoa.

Este ficar de longe, num cansaço;
o ouvir das vozes como outrora infância;
o estar-se imóvel mais, e devagar
perder, um após outro, o gosto a um gesto

mesmo pensado nesta horizontal
que alastra entre o passado e coisa alguma.
Este não ter senão a solidão
como silêncio e treva finalmente aceites.

A vida tão vivida e desejada,
o ser como o fazer, o sexo em tudo visto,
as coisas e as palavras possuídas,
tudo se não dissolve mas se afasta

alheio e sem saudade. Nem repouso
ou calmo abjurar da fúria amarga.
Apenas não sei nada, não recordo nada,
já nada quero, e aos outros deixo tudo.

27/10/1971

NATAL 1971

Natal de quê? De quem?
Daqueles que o não têm?
Dos que não são cristãos?
Ou de quem traz às costas
as cinzas de milhões?
Natal de paz agora
nesta terra de sangue?
Natal de liberdade
num mundo de oprimidos?
Natal de uma justiça
roubada sempre a todos?
Natal de ser-se igual
em ser-se concebido,
em de um ventre nascer-se,
em por de amor sofrer-se,
em de morte morrer-se,
e de ser-se esquecido?
Natal de caridade,
quando a fome ainda mata?
Natal de qual esperança
num mundo todo bombas?
Natal de honesta fé.
com gente que é traição,
vil ódio, mesquinhez,
e até Natal de amor?

Natal de quê? De quem?
Daqueles que o não têm,
ou dos que olhando ao longe
sonham de humana vida
um mundo que não há?
Ou dos que se torturam
e torturados são
na crença de que os homens
devem estender-se a mão?

NOVEMBRO 1971

ANO SANTO EM SANTIAGO

Que Espanha Espanha se me volve aqui
de pedras e caminhos e de ar tão cru de pó
por peregrinos de Santiago e aos mouros.

Descem de Europa sobre Ibéria as línguas,
perpassam raças que de ao túmulo glória
em pórtico repousam suas mãos ansiadas.

Criptas de criptas com se alçando suaves
de fumos e de mortos qual de chuva quieta
são pedra e quanto torres no dourado azul.

No claustro pardo a luz se espulveriza
em tardes repetidas num silêncio passos
de vozes tão caladas como à vida importa.

1/9/1971

BALADA DO ROER DOS OSSOS

Roer um osso – humano, se possível,
é um sonho português de sobrevida,
após anos e anos de despirem
com os olhos as mulheres que no Rossio
por diante deles passam e das mãos
movendo-se contínuas pelo bolso
das calças mais viris da cristandade.

Roer um osso – humano, se possível,
de mãe, de pai, de irmã, de tio ou prima,
de amantes ou de esposas, filhos, netos,
ou de inimigos ou de amigos mesmo,
ou do vizinho em frente, ou dum retrato
só visto no jornal, ou criatura
desconhecida inteiramente – um osso.

Roer um osso – humano, se possível,
mas pode ser de vaca ou de carneiro,
ou porco ou gato ou cão ou papagaio,
ou à sexta-feira bacalhau ou peixe
em espinhas esburgadas que recordam
o rosto doce ou monstruoso odiado
na vénia às Excelências brilhantinas.

Roer um osso – humano, se possível,
seja fingido mesmo, de borracha
para durar mais tempo que não passa,
ou de cimento pra quebrar-se os dentes
no gozo de moê-lo cuspinhado
(e o pensamento em furibunda mão
que excita ansiosa as impotentes raivas).

Roer um osso – humano, se possível,
é o sonho português de sobrevida.

22/1/1972

L'ÉTÉ AU PORTUGAL

Que esperar daqui? O que esta gente
não espera porque espera sem esperar?
O que só vida e morte
informes consentidas
em todos se devora e lhes devora as vidas?
O que quais de baratas e a baratas
é o pó de raiva com que se envenenam?

Emigram-se uns para as Europas
e voltam como se eram só mais ricos.
Outros se ficam envergando as opas
de lágrimas de gozo e sarapicos.

Nas serras nuas, nos baldios campos,
nas artes e mesteres que se esvaziam,
resta um relento de lampeiros lampos
espanejando as caudas com que se ataviam.

Que espera se espera em Portugal?
Que gente ainda há-de erguer-se desta gente?
Pagam-se impérios como o bem e o mal
– mas com que há-de pagar-se quem se agacha e mente?

Chatins engravatados, pelenguentas fúfias
passam de trombas de automóvel caro.
Soldados, prostitutas, tanto rapaz sem braços
ou sem pernas – e como cães sem faro
os pilhas poetas se versejam trúfias.

Velhos e novos, moribundos mortos,
se arrastam todos para o nada nulo,
Uns cantam, outros choram, mas tão tortos
que a mesquinhez tresanda ao mais simples pulo.

Chicote? Bomba? Creolina? A liberdade?
É tarde, e estão contentes de tristeza,
sentados em seu mijo, alimentados
dos ossos e do sangue de quem não se vende.

(Na tarde que anoitece o entardecer nos prende.)

LISBOA, AGOSTO 1971

Camões dirige-se aos seus contemporâneos
–
1973

CAMÕES NA ILHA DE MOÇAMBIQUE[1]

A Amilcar Fernandes e Rui Knopfli,
moçambicanos de alma e coração, que me
passearam a Ilha de Moçambique.

É pobre e já foi rica. Era mais pobre
quando Camões aqui passou primeiro,
cheia de livros a cabeça e lendas
e muita estúrdia de Lisboa reles.
Quando passados nele os Orientes
e o amargor dos vis sempre tão ricos,
aqui ficou, isto crescera, mas
a fortaleza ainda estava em obras,
as casas eram poucas, e o terreno
passeio descampado ao vento e ao sol
desta alavanca mínima, em coral,
de onde saltavam para Goa as naus,
que dela vinham cheias de pecados
e de bagagens ricas e pimentas podres.
Como nau nos baixios que aos Sepúlvedas
deram no amor corte primeiro à vida,
aqui ficou sem nada senão versos.
Mas antes dele, como depois dele,
aqui passaram todos: almirantes,
ladrões e vice-reis, poetas e cobardes,
os santos e os heróis, mais a canalha
sem nome e sem memória, que serviu
de lastro, marujagem, e de carne
para os canhões e os peixes, como os outros.

Tudo passou aqui – Almeidas e Gonzagas,
Bocages e Albuquerques, desde o Gama.
Naqueles tempos se fazia o espanto
desta pequena aldeia citadina
de brancos, negros, indianos, e cristãos,
e muçulmanos, brâmanes, e ateus.
Europa e África, o Brasil e as Índias,
cruzou-se tudo aqui neste calor tão branco
como do forte a cal no pátio, e tão cruzado
como a elegância das nervuras simples
da capela pequena do baluarte.
Jazem aqui em lápides perdidas
os nomes todos dessa gente que,
como hoje os negros, se chegava às rochas,
baixava as calças e largava ao mar
a mal-cheirosa escória de estar vivo.
Não é de bronze, louros na cabeça,
nem no escrever parnasos, que te vejo aqui.
Mas num recanto em cócoras marinhas,
soltando às ninfas que lambiam rochas
o quanto a fome e a glória da epopeia
em ti se digeriam. Pendendo para as pedras
teu membro se lembrava e estremecia
de recordar na brisa as croias mais as damas,
e versos de sonetos perpassavam

junto de um cheiro a merda lá na sombra,
de onde n'alma fervia quanto nem pensavas.
Depois, aliviado, tu subias
aos baluartes e fitando as águas
sonhavas de outra Ilha, a Ilha única,
enquanto a mão se te pousava lusa,
em franca distracção, no que te era a pátria
por ser a ponta da semente dela.
E de zarolho não podias ver
distâncias separadas: tudo te era uma
e nada mais: o Paraíso e as Ilhas,
heróis, mulheres, o amor que mais se inventa
e uma grandeza que não há em nada.
Pousavas n'água o olhar e te sorrias
– mas não amargamente, só de alívio,
como se te limparas de miséria,
e de desgraça e de injustiça e dor
de ver que eram tão poucos os melhores,
enquanto a caca ia-se na brisa esbelta,
igual ao que se esquece e se lançou de nós.

ILHA DE MOÇAMBIQUE, 20/7/1972

[1] **Nota do autor** Este poema, que agora se colige pela primeira vez, foi escrito quando, durante a estadia minha e de minha Mulher, em Moçambique, no mês de Julho de 1972, a convite da Associação dos Antigos Estudantes de Coimbra, de Lourenço Marques, visitámos a Ilha que deu o nome ao território, em companhia do poeta Rui Knopfli (nosso cicerone e companheiro de todas as viagens por lá feitas), bem como na de Amílcar Fernandes, de Nampula, ambos grandes conhecedores das antiguidades da Ilha. Para elucidação de algumas alusões do poema, a seguir se transcrevem passos do 3º artigo da série publicada em Diário Popular, de Lisboa, sobre as minhas viagens no Verão de 1972 (e cujas informações históricas são, em grande parte, tiradas das excelentes obras do eminente historiador de Moçambique Alexandre Lobato):

"Quando o Gama passou por ali, não havia mais que a ilha assente sobre as pontiagudas e encrespadas rochas coralinas, e as outras mais pequenas como salvas pousadas no mar para nelas pôr fortalezas. As populações viviam na chamada "terra firme", como se dizia, ao longo das margens baixas da baía que as ilhas fecham. [...] Parar ali ficou um hábito das esquadras que passavam. E, em 1507, construiu-se na Ilha o que veio a ser a chamada Fortaleza Velha, do lado do canal, mais ou menos onde está o Palácio de São Paulo, em frente dos lugares de desembarque, aonde hoje, morta a actividade do porto que aquilo foi até tempos recentes, não desembarca ninguém. Num desenho do livro de Lisuarte de Abreu, de 1564, vê-se a velha fortaleza desaparecida (na verdade mandada demolir, para evitar que invasores se estabelecessem nela, para o ataque à Fortaleza Nova, a de S. Sebastião, que ocupa uma das extremidades da Ilha). Desaparecida, ou parcialmente incorporada ao Colégio dos Jesuítas, construído na primeira metade do século XVII, e que após a expulsão da Ordem, em 1759, foi remodelado e ampliado para palácio dos Capitães-Generais [...]. Camões, quando passou na Ilha a caminho do Oriente, e quando voltou dele e nela ficou financeiramente encalhado, não conheceu senão a Fortaleza Velha. [...] A Fortaleza de S. Sebastião não começara a ser construída, porém, senão em 1558, apesar do plano inicial ter sido de D. João de Castro que mandara juntar a pedra para ela; e as obras ainda estavam muito atrasadas em 1564, como se pode ver no desenho acima referido, que é, pela proximidade dos anos, uma excelente imagem da Ilha de que Camões foi tirado pela solidariedade de Diogo do Couto e outros amigos. Mas havia já, junto ao mar, no extremo da ponta em que assentou a fortaleza que a abraçou nos seus baluartes como igreja, a Capela de Nossa Senhora do Baluarte, que datava de 1522, não nascera ele ainda. [...] Tudo o mais, com excepção da capela e fortim de Santo António [...], e de algumas casas e de alguns agrupamentos habitacionais indígenas, aonde sem dúvida Camões terá rasgado os entediados ócios em actividades impróprias de um homem que passara os quarenta anos mas tinha a desculpa de ser solteiro, não existia ainda [...]. Foi do lado da Contracosta (o lado do oceano), ao vento fresco da noite, que nos encontrávamos. Ele, muito queixoso e triste, eu, já com alguns dias de Moçambique (Terra Firme e Ilha), sem saber que dizer-lhe que ele não soubesse de cor e salteado. Agasalhei-o num poema [...]. Mas, amigo dele verdadeiro, não lhe dei dinheiro para que volte à pátria."

Conheço o sal... e outros poemas

— 1974

"... mays as palavras desuayran se, porque mudan os tempos."

DO FRAGMENTO DE POÉTICA DO CANCIONEIRO DA BIBLIOTECA NACIONAL DE LISBOA.

NOCTURNO DE LONDRES

Não sei, amor, se dado nos será
de envelhecer. Será que um de nós só morrerá
quando formos tão velhos que para o outro
não faz diferença nenhuma que aquele morra
(na velhice se vive de memória vaga)?
Será que tantos anos de amargura,
suspeitas, frustrações, raivas e ódios,
tudo isso, tempestade, de que é feito o amor
que os burros não entendem, nos serão
acrescentados desse sonhar juntos
em silêncio, num sorriso (que se esquece
e mesmo nos lábios se ignora)?
Uma velhice que foi vida e será vida
porque foi vida com que nos comemos
quotidianamente um ao outro
vorazes como peixes num aquário
de vidro inamovível, tão opaco,
translúcido às vezes, transparente sempre,
que é o amor?

11/6/1971

CAFÉ CHEIO DE MILITARES EM LUANDA

O jovem Don Juan de braço ao peito
(por um dedo entrapado)
debruça as barbas para a mesa ao lado
numa insistência pública de macho
que teima em conversar a rapariga
(no dedo aliança, azul em torno aos olhos)
a escrever cartas e a enxotá-lo em fúria.

Um outro chega e senta-se de longe.
Cara rapada, pêlo curto, ombros erguidos,
é dos que o queixo pousam sobre as mãos,
e de entre o fumo lento do cigarro,
dardejam olhar fito para a presa
– é dele, é dele, os olhos dizem tesos.

Numa outra mesa, três outras fardas miram
de esguelha, enquanto falam vagamente atentos,
e os olhos ínvios de soslaio despem
a pouca roupa da que escreve à mesa.

Feito já seu papel para que conste,
oh ares de cavalão... outras à espera...
o Don Juan comenta pró criado a vítima,
saída num repente. Riem-se ambos.

Quando ela se ia embora, dois empatas
entraram e sentaram-se na mesa
do que ficara olhando o espaço aberto
pela partida dela. Conversam que ele não ouve.

Gingando a barba mais o braço ao peito,
vai-se o vencido (pagará uma puta,
para amanhã contar como dormiu com esta).

Os outros três, mais tarde, em casa, na retrete,
vão masturbar-se a pensar nela (e voltarão
amanhã ao café para contarem
de uma grande conquista que fizeram todos).

E aquele que – quem sabe – era a quem ela
acaso se daria (ou será que ele
é dos que só penetra com o olhar suspenso?)
foi quem não teve nada. Olhou demais,
e não saiu a tempo de escapar
à companhia idiota dos seus dois amigos.

LUANDA, 4/8/1972

RAÍZES[1]

Raízes? Nem mesmo todas as plantas têm,
e o termo cheira às gritarias de Barrès
(*où voulez-vous que je m'enracine*? – perguntava-lhe o Gide)
ou quejandas companhias galicanas pré-fascistas,
quando desejavam – patriotas – que francesas fossem
a Alsácia e a Lorena tão germânicas.
Tudo isto acabou triste em 45 – e o velho
da Action Française não foi fuzilado por colaboracionista
e denunciador de resistentes, atendendo-se
à sua idade (oh le prestige de la littérature!).
Raízes? Como – por metáfora – se ganham
ou se perdem? Sendo filho? Sendo pai? As duas coisas?
Vivendo aqui na pátria ou mais ou menos do que quantos anos?
Perderam-nas Camões e Mendes Pinto no Oriente?
Ganhou-as Eça nos seus exílios de cônsul?
Manteve-as fumos de ópio aquele Camilo
apenas Pessanha por Macau? Ganhou-as

Pessoa tão inglês de sul das Áfricas?
no seu tão esperto exílio de Lisboa?
E o Vieira padre e brasileiro na Bahia,
largara-as lá por Roma à Cristina da Suécia?
Miguéis em Nova-York? Pimentel das Memórias
perdeu-as em São Paulo? Este país – que sempre isto pergunta –
aonde tem raízes? Certamente que
à volta de Paris – com um milhão de raízes
a fazer filhos (e não porque em Paris
se escreva ou se traduza o lido em Portugal).
E isto é velho como o mundo: ao grego Heródoto
uns gregos que ele achou pelos Egitos,
aos quais – tu quoque... – perguntou pelas raízes,
apontaram-lhe num gesto (lusitano)
qual a raiz que tinham radicada neles.
Raízes outras há: os mortos que nos dormem
na terra que nascemos, na terra onde morreram,
e nos vivem na vida que não tendes nesta Europa *finis* –
pilritos fêmeas de outros mundos machos.

PORTO, 25/8/1972

[1] **Nota do autor** Agora publicado, este inédito reflectiu a espontânea irritação do autor à pergunta sobre as suas raízes, vivendo no "estrangeiro", quando é "lá" que vivem mentalmente tantos que nunca saíram de Alguidares de Baixo.

À MEMÓRIA DE ADOLFO CASAIS MONTEIRO

Como se morre, Adolfo? Tu morreste
(toca o telefone às duas da manhã em Lourenço Marques
era a Joaninha em lágrimas a dizer que o padrinho dela
tinha morrido eu não queria crer e mesmo perguntei –
tendo tantos compadres – quem era o padrinho dela cuja
morte chegava em notícia de Lisboa a Mécia e eu ficámos
silenciosos com os olhos marejados das lágrimas que só
vieram no dia seguinte esperávamos mais dia menos dia
tão doente estavas aquela notícia agora mais incrível por
chegada inopinadamente do outro lado do mundo que não
era sequer aquele em que morrias)
– e diz-me o Pimentel numa carta tão triste:
enquanto dormias a tua solidão
e estavas morto e sereno pela manhã alta.
Morreste na mesma solidão altiva e tímida
com que foras discreção e delicado ser
escondido em máscaras de sorriso amargo
e de palavras ásperas e rudes. Igual aos versos
que escreveste como raros no molhar de alma
em sangue e sentimento já essência
e só profunda vida oculta em música
puríssima de câmara em cordas tensas
a que o ranger dos arcos se somava ambíguo.
Ninguém mais nobremente ergueu em si
o monumento da morte esse viver contínuo
num só de se indicarem por oblíquos
sinais os gestos limpos da amizade
e os limpos mais ainda de um amor constante

que o teu corpo buscou em tantas mulheres
amando só algumas fielmente na tortura
de não se amar tão bem quando o desejo.
Adolescente, amadureceste para uma velhice
a que te deste como monge laico
incréu de tudo menos desse amor perdido
que à tua volta, em livros como em música,
era um sussurro de memórias silentes
a rodear-te de vácuo a tua sala vazia.
Como se morre, Adolfo? Trinta e três
anos –uma idade perfeita – conheci-te,
soube de ti o dito e o não dito, o que escreveste
e o que não escreveste. Por instantes,
os teus olhos cruzavam-se num viés de vesgo
que era um saber terrível de estar só no mundo
e não haver que valha a pena que se diga
sem destruir se quanto em nossa vida é o pouco
indestrutível se guardado à força
num silêncio de exílio e de distância.
E todavia como estiveste no mundo, como
duramente bebeste toda a dor do mundo,
ou a fumaste em nuvens de cigarros que matavam
os teus pulmões possessos de asfixia.
Foste o estrangeiro e o exilado perfeito
e por todos nós que recusámos de um salto
por outras terras esta terra há séculos de outrem,
morreste em dignidade, sem queixas nem saudades
a queixa e a saudade mais pesadas
pesadas para o fundo, sem palavras
que as não há entendíveis aonde não se entende

185

a perfeição tranquila em desespero agudo
a que te deste num morrer sem voz.
Morreste só, como viveste. Sem conversa,
como escolheste viver. Longe de tudo,
como a vida te deu que tu viveras.
E tão presente, mesmo se esquecido,
és como o fogo ardente a requeimar quem pensa
que em Portugal de Portugal se é.
Como se morre? Neste instante extremo,
sentiste um respirar que te alargava
e te expandia o peito mais os olhos
até os confins deste universo inteiro?
Abriste os olhos? Só em sonhos viste?
Morreste – como se morre? – e no teu rosto
qual nos teus versos poderá ser lido
até que nem pensaste nem disseste.
Mas isso tu sabias, e creio que foi pouco
oh muito pouco o que a morte foi capaz de te ensinar.

PORTO, 26/8/1972

DIÁLOGO MÍSTICO

S. João da Cruz a Santa Teresa:
– Teresa amiga minha de Jesus
Teresa quanto não disseste nunca,
homem nenhum chegara para ti
e nem Deus sempre era tão macho que
arqueada te elevasse pelo ar puro
aonde te pairaras ainda quando
Deus homem se não fora e, Deus, não existira.
Que te direi amiga pobre humano
a Cristo dado como se não homem?

Santa Teresa a S. João da Cruz:
– Juan, hermano mio, quem não de homem
homem não é de um Deus que, se existira,
era mulher como água, se sentindo
ardências escorrer, o ventre palpitar,
e os seios estalando só de amor vazios?
Canta, Juan, teus versos de homem fêmea
como eu soletro a prosa de mulher e macho:
nem Deus existirá, hermano mio,
se os dois o não criarmos para amor a quatro.

CAMINHO DE ÁVILA, 29/8/7

MADRUGADA

Há que deixar no mundo as ervas e a tristeza,
e ao lume de águas o rancor da vida.
Levar connosco mortos o desejo
e o senso de existir que penetrando
além dos lodos sob as águas fundas
hão-de ser verdes como a velha esperança
nos prados de amargura já floridos.

Deixar no mundo as árvores erguidas,
e da tremente carne as vãs cavernas
aos outros destinadas e às montanhas
que a neve cobrirá da álgida ausência.
Levar connosco em ossos que resistam
não sabemos o quê de paz tranquila.

E ao lume de águas o rancor da vida.

MADRID, 4/9/1972

FILMES PORNOGRÁFICOS

Estes que não actores se alugam para filmes
da mais brutal pornografia crua
em que não representam mas só fazem
tudo o que possa imaginar-se e a sério
com a máquina espreitando bem de perto
por ângulos recônditos os gestos,
os orifícios penetrados e
quanto os penetra até que o esperma venha,
por certo são dos que prazer mais sentem
sabendo que afinal se exibem para tantos olhos.
São máquinas de sexo. Às vezes belas,
sem dúvida atraentes muitas delas,
imagens escolhidas como sonhos de
que possa ser a máquina perfeita.
Mas na verdade sentirão prazer?
E na verdade o dão no que se mostram?
Tão máquinas apenas – sem de humano
não digo só que o toque da carícia abrupta
mas mesmo uma atenção de sábio acerto
profissional de orgasmos a filmar –
que nada resta destes actos vistos
sequer desse animal mais que espontâneo
em corpos se afirmando que não falam
mas se penetram ao acaso dados.
Nada de humano ou de animal humano
flutua neste ou na imagem deles:
até porque são vistos como nunca vistos
os actos cometidos ou espreitados,

e mesmo o esperma do interrupto coito
(para quem paga estar seguro de
não ser fingido nada o que foi feito)
ejaculado ou vendo-se escorrer
do corpo mais passivo numa cena
é como imitação que nada inunda
senão o olhar tornado a mesma máquina
que tão de perto o foi filmar ampliado.
Horrível é tudo isto. Mas no entanto,
mecânico e brutal, sem graça nem beleza,
roubando ao imaginar quanto é sentido
porque se amor se faz mal pode ver-se,
isto possui uma nobreza estranha
e uma franqueza nua que nenhum amor
a si mesmo confessa: e contradiz
quanto mistério exista, que outro mais profundo
assim nos revela: actos de amor
são tantos actos de amor quanto são actos
de actores ocasionais para ele feitos
que todos somos desde que ele se faça.

13/10/1972

"DIZ-ME, SILÊNCIO..."

Diz-me, silêncio, em ruídos permanentes
singelamente confusos primitivos –
que mão estender à voz que ouvida não
fala comigo ou com ninguém, silente:
Devo tocar como quem chama e pede?
Ou agarrar o que não fala ainda
senão por gestos quase imperceptíveis?
Esperarei perguntas sem resposta?
Responderei perguntas não faladas?
Diz-me, silêncio, em ruídos de que és feito,
como entender-te quando és corpo humano?

6/12/1972

"QUANDO PENSO..."

Quando penso que há mais de trinta anos que publico poemas
e há trinta e seis que escrevo desta vida,
à minha volta há mais de mais vazios
de amigos mortos, poetas que estimei
(horror de folhear um livro de moradas)
ou quem mal conheci e às vezes via,
pergunto-me a mim mesmo se outros mais felizes
terão vazia a vida assim como eu.
Creio que não. A deles se reduz,
encolhe de miséria consentida,
e torna-se uma sala de visitas onde
recebem dia e noite os seus amigos novos.
Mas quem de liberdade e lealdade,
como de amor humano se viveu,
fica num espaço cada vez mais vasto
onde os vivos que traíram e os mortos que morreram
tremem de ser lembrados com saudade ardente.
E o espaço fica – ah fica – e ninguém ousa
mais que espreitar a medo para dentro dele
pelas grades de um verso em que palpita a vida,
tão pura e tão ausente como quando um dia
primeiro ela vibrou num cheiro a maresia,
ascendendo das águas, luminosa,
num corpo ainda escamoso cuja pele
seria este saber de espaço e de ternura
em solidão perfeita descobrindo o amor.

24/12/1972

DO MANEIRISMO AO BARROCO

Faustus infaustus Don Quixote Pança
e o príncipe tão doce Horácio amigo
Don Juan Catalinón Tenório de Sevilha
e Mefistofilis Comendador o espectro
e o real do mundo só na morte aos loucos
– dois para inferno com a nossa bênção,
dois não se sabe com a nossa angústia.

Todos haviam lido o livro errado:
Faustus invocações Quixote folhetins
e o príncipe Montaigne em vez do Príncipe
e Juan o livro do seu sexo incerto.
Duplos são todos e um terceiro oculto
a morte nosso pai a estátua e quem
dirá como teatro o resto que é silêncio.

Junto de um seco, fero, estéril monte,
e outro lugar não tem a solidão do mundo,
o poeta foi dois três ante o papel secreto:
o dois de sempre dois quem em dois se funde,
e o três que é três no dois que se transforma
cada um com seu contrário num sujeito.

A vida, a morte, o amor, o fado, e o sonho
que de impossível nos não perde ou salva
de sermos ou não sermos personagens
no grão-teatro aonde tudo acaba
em Segismundo ou Fedra antes que o pano caia
sobre a leitura dos errados livros:
os únicos abertos num lugar de acaso –
exatamente aquele que nos gera.

30/12/1972

"ESTÃO PODRES AS PALAVRAS..."

Estão podres as palavras – de passarem
por sórdidas mentiras de canalhas
que as usam ao revés como o carácter deles.
E podres de sonâmbulos os povos
ante a maldade à solta de que vivem
a paz quotidiana da injustiça.
Usá-las puras – como serão puras,
se caem no silêncio em que os mais puros
não sabem já onde a limpeza acaba
e a corrupção começa? Como serão puras
se logo a infâmia as cobre de seu cuspo?
Estão podres: e com elas apodrece o mundo
e se dissolve em lama a criação do homem
que só persiste em todos livremente
onde as palavras fiquem como torres
erguidas sexo de homens entre o céu e a terra.

30/12/1972

"QUANDO O POETA..."

Quando o poeta se dizia perdido no meio do caminho
desta vida, não sabia como era passados os cinquenta anos
dela – e morreu sem ter chegado aos sessenta.
É tal o tão perigoso e tormentório cabo
de que se morre da traição do corpo
e da traição de todos os amigos. Nós
depois dos cinquenta anos, no dobrar do cabo,
estamos sujeitos às preces mesmo dos melhores amigos:
também eles, como os inimigos, nos desejam mortos,
e querem-se ver livres de quanto nos devam
em lealdade, franqueza, honestidade, puro afecto,
tudo coisas demasiado pesadas na hora de sobreviver
pagando o preço à canalha que se acoita
mesmo no coração do mais virtuoso.
Os indiferentes também rezam pela nossa morte,
porque anseiam dizer em lágrimas de entusiasmo
como afinal haviam sido amigos íntimos.

Por seu lado, o nosso corpo e o nosso espírito,
cansados de si próprios, fartos de
até prazer e luta e desafio e espera,
anseiam por morrer, se desfazer enfim.
De dentro e fora nos assalta tudo e a morte
horrenda pinta-se das cores da adolescência,
quando sonhávamos que o amor seria
como dormir nos braços maternais. Não é.
Há que resistir porém e sem porquê. Se resistimos,
se dobramos triunfais o Cabo Tormentório,
viveremos longamente ainda umas só décadas
sem dentes nem cabelo mas com vida
que até os inimigos hão-de acabar por sentir
pela carne acima como ardente vara.
Por esse tempo, os nossos amigos já morreram todos.

LONDRES, 5/2/1973

"TU ÉS A TERRA..."

Tu és a terra em que pouso.
Macia, suave, terna, e dura o quanto baste
a que teus braços como tuas pernas
tenham de amor a força que me abraça.

És também pedra qual a terra às vezes
contra que nas arestas me lacero e firo,
mas de musgo coberta refrescando
as próprias chagas de existir contigo.

E sombra de árvores, e flores e frutos,
rendidos a meu gesto e meu sabor.
E uma água cristalina e murmurante
que me segreda só de amor no mundo.

És a terra em que pouso. Não paisagem,
não Madre Terra nem raptada ninfa
de bosques e montanhas. Terra humana
em que me pouso inteiro e para sempre.

LONDRES, 14/3/1973

"CONHEÇO O SAL…"

Conheço o sal da tua pele seca
depois que o estio se volveu inverno
da carne repousando em suor nocturno.

Conheço o sal do leite que bebemos
quando das bocas se estreitavam lábios
e o coração no sexo palpitava.

Conheço o sal dos teus cabelos negros
ou louros ou cinzentos que se enrolam
neste dormir de brilhos azulados.

Conheço o sal que resta em minhas mãos
como nas praias o perfume fica
quando a maré desceu e se retrai.

Conheço o sal da tua boca, o sal
da tua língua, o sal de teus mamilos,
e o da cintura se encurvando de ancas.

A todo o sal conheço que é só teu,
ou é de mim em ti, ou é de ti em mim,
um cristalino pó de amantes enlaçados.

MADRID, 16/1/1973

Sobre esta praia...
Oito meditações
à beira do pacífico
—
1977

"et puer est et nudus Amor. Sine sordibus annos
et nullas vestes, ut sit apertus, habet."

OVÍDIO, *AMORES*, I, X, 15-16

I

Sobre esta praia me inclino.
                    Praias sei:
Me deitei nelas, fitei nelas, amei nelas
com os olhos pelo menos os deitados corpos
nos côncavos da areia ou dentre as pedras
desnudos em mostrar-se ou consentir-se
ou em tombar-me intentos como o fogo
do sol em dardos que se chocam brilham
em lâminas faíscas de aço róseo e duro.
Do Atlântico ondas rebentavam plácidas
e o delas ruído às vezes tempestade
que em negras sombras recurvava as águas
me ouviram não dizer nem conversar
mais do que os gestos de tocar e ter
na tépida memória as flutuantes curvas
de ancas e torsos, negridão de pêlos,
olhos semicerrados, boca entreaberta,
pernas e braços se alongando em dedos.
Aqui é um outro oceano.

Um outro tempo.
Miro dois vultos na silente praia
pousada rente à escarpa recortada abrupta
que só trechos de areia lhes consente:
dois corpos lado a lado como espadas frias.
Ainda que desça a perpassar recantos
onde se acolherão mais corpos nus,
é um outro oceano, um outro tempo em outro
diverso em gente organizado mundo.
Ambíguos corpos, sexos vacilantes,
um cheiro de cadáver, que ao amor não feito
concentra de tristeza e de um anseio
de matar ou ser morto sem prazer nem mágoa.
Aqui mesmo de olhar-se um qual pavor gelado
pinta de palidez o rosto que sorria,
o corpo que se adiante ao gesto desenhado.
E nem mesmo de outrora e de outros mares
se atrevem a deitar-se imagens soltas
que uma vez alegria acaso tenham sido.
Se aqui nasceram deuses nada resta deles
senão a luz mortal de corpos como máquinas
de um sexo que se odeia no prazer que tenha
e mais é de ódio ao ver-se desejado.

27/9/1972

VIII

Um fósforo lançado ao chão do estio seco
as sarças incendeia no caminho
que desce à beira de água.
Em vão tento apagar as chamas que se ateiam
por de estalidos fogo
a propagar-se pela encosta acima.

Lá em baixo as águas silenciosas, rochas,
areias em que corpos
jazem desnudos se queimando ao sol
na frigidez da aragem
que distraída pousa como os sexos dormem
nos ventres de que são portas cerradas ou

colunas que se ignoram.
Não descerei lá hoje, o incêndio queima
este descer incógnito e vazio à praia
algidamente ardente
a que formas de corpos vieram procurar
só uma inocência que não têm na vida.

Crepitam sarças mas os corpos não.

6/12/1972

Livros
póstumos

40 anos
de servidão
—
1979

ODE A RICARDO REIS

Rosas raquíticas te of'reço poeta,
porque é da ode of'recer rosas
e não há doutras nas palavras de hoje.

Desfolha-as sabiamente nos teus lábios
e fala esse perfume que el's não têm;
ah diz-me como é vão o vão das pétalas,
se as rosas que te ofereço não são rosas
para criar em ti novo desdém.

Dilui-te um pouco nesse amor vendado;
e, quando o teu cuidado nos buscar,
aventa a hipótese da morte inglória:
se algum de nós morrer da morte de ambos,
é que estas rosas se serviram tais
que assim raquíticas duravam mais.

8/4/1942 [REVISTO EM 1947]

POEMA APÓCRIFO DE ALBERTO CAEIRO

Não quero este menino que desce do céu para os meus braços
e que ri da minha desconfiança de eu poder com ele;
eu sei que posso, mas não quero este menino,
nem outros meninos, nem o mundo
como quando o mesmo menino, já grande
e sentado num trono, tem na sua mão.

Não quero nos meus braços coisa alguma.
Neste grito recurvo de embalar o nada,
a minha vida encontra-se e descansa.

Inclino a cabeça e penso que viver
podia ter-me sido um menino nos braços
e crescendo e, escapando aos braços,
fugindo para o mundo acaso fosse um homem,
ou para o Universo acaso fosse um Deus.

E tu, menino do céu, tão tarde vens!
Mas teimas, sabes que um carinho
se escondeu cá dentro e não tem nome ou obra,
e teimas – e eis-te nos meus braços.

Ó meu menino querido, agora que pensei,
aperto-te com força e não te deixo crescer.

17/7/1942 [REVISTO EM 1947]

ODE AOS LIVROS QUE NÃO POSSO COMPRAR

Hoje, fiz uma lista de livros,
e não tenho dinheiro para os poder comprar.

É ridículo chorar falta de dinheiro
para comprar livros,
quando a tantos ele falta para não morrerem de fome.

Mas também é certo que eu vivo ainda pior
do que a minha vida difícil,
para comprar alguns livros
– sem eles, também eu morreria de fome,
porque o excesso de dificuldades na vida,
a conta, afinal certa, de traições e portas que se fecham,
os lamentos que ouço, os jornais que leio,
tudo isso eu tenho de ligar a mim profundamente,
através de quanto sentiram, ou sós, ou mal-acompanhados,
alguns outros que, se lhe falasse,
destruiriam sem piedade, às vezes só com o rosto,
quanta humanidade eu vou pacientemente juntando,
para que se não perca nas curvas da vida,
onde é tão fácil perdê-la de vista, se a curva é mais rápida.

Não posso nem sei esquecer-me de que se morre de fome,
nem de que, em breve, se morrerá de uma fome maior,
do tamanho das esperanças que ofereço ao apagar-me,
ao atribuir-me um sentido, uma ausência de mim,
capaz de permitir a unidade que uma presença destrói.

Por isso, preciso de comprar alguns livros,
uns que ninguém lê, outros que eu próprio mal lerei,
para, quando se me fechar uma porta, abrir um deles,
folheá-lo pensativo, arrumá-lo como inútil,
e sair de casa, contando os tostões que me restam,
a ver se chegam para o carro eléctrico,
até outra porta.»

27/6/1944

A PORTUGAL

Esta é a ditosa pátria minha amada. Não.
Nem é ditosa, porque o não merece.
Nem minha amada, porque é só madrasta.
Nem pátria minha, porque eu não mereço
a pouca sorte de nascido nela.
Nada me prende ou liga a uma baixeza tanta
quanto esse arroto de passadas glórias.
Amigos meus mais caros tenho nela,
saudosamente nela, mas amigos são
por serem meus amigos, e mais nada.

Torpe dejecto de romano império;
babugem de invasões; salsugem porca
de esgoto atlântico; irrisória face
de lama, de cobiça, e de vileza,
de mesquinhez, de fátua ignorância;
terra de escravos, cu pró ar ouvindo
ranger no nevoeiro a nau do Encoberto;
terra de funcionários e de prostitutas,
devotos todos do milagre, castos
nas horas vagas de doença oculta;
terra de heróis a peso de ouro e sangue,
e santos com balcão de secos e molhados
no fundo da virtude; terra triste
à luz do sol caiada, arrebicada, pulha,
cheia de afáveis para os estrangeiros
que deixam moedas e transportam pulgas,
oh pulgas lusitanas, pela Europa;

terra de monumentos em que o povo
assina a merda o seu anonimato;
terra-museu em que se vive ainda,
com porcos pela rua, em casas celtiberas;
terra de poetas tão sentimentais
que o cheiro de um sovaco os põe em transe;
terra de pedras esburgadas, secas
como esses sentimentos de oito séculos
de roubos e patrões, barões ou condes;
ó terra de ninguém, ninguém, ninguém:
eu te pertenço. És cabra, és badalhoca,
és mais que cachorra pelo cio,
és peste e fome e guerra e dor de coração.
Eu te pertenço: mas ser's minha, não.

ARARAQUARA, 6/12/1961

DEDICATÓRIA[1]

Amigos meus: de que metamorfoses
sois vós meus fiéis e como que inimigos?
E que inimigos, as metamorfoses
das coisas e do tempo têm poder
para os aniquilar? Por mais que nasça
dos homens o homem, e que esse homem faça
o que nos será mais que natureza,
nada resta senão este ar maligno,
esta vileza insana, este morder
raivoso e traste, esta indiferença
que nega mais a vida que a maldade.

As obras ficam. Para quê? Quem perde
o tempo que lhe resta, em só amá-las
não por si mesmo mas por outra vida
que exista nelas? Quem? Algum de vós?
Que amor sentis que se desperta lá
onde não resta já mais do que ideia
de terem sido sangue, uma linguagem
tão morta para sempre, que palpita
nessa ilusão de que sois vida viva?

Metamorfoses somos e seremos.
E, se estes versos foram conformados,
mais que por mim, de mim, serão as vossas
que se aguardavam como ténues sombras
em risco de evolarem-se, à beira
do rio que, se o atravessassem, lhes
daria, no esquecerem-se, a existência
tranquila e sólida da morte adiada.

11/1/1963

[1] Outro poema com o mesmo título pertence a Fidelidade ("A noite desce sobre os membros altos.")

CANTIGA DE ABRIL

Às Forças Armadas e ao povo de Portugal
"Não hei-de morrer sem saber qual a cor da liberdade"[2]
J. de S.

Qual a cor da liberdade?
É verde, verde e vermelha.

Quase, quase cinquenta anos
reinaram neste país,
e conta de tantos danos,
de tantos crimes e enganos,
chegava até à raiz.

Qual a cor da liberdade?
É verde, verde e vermelha.

Tantos morreram sem ver
o dia do despertar!
Tantos sem poder saber
com que letras escrever,
com que palavras gritar!

Qual a cor da liberdade?
É verde, verde e vermelha.

Essa paz do cemitério
toda prisão ou censura,
e o poder feito galdério,
sem limite e sem cautério,
todo embófia e sinecura.

Qual a cor da liberdade?
É verde, verde e vermelha.

Esses ricos sem vergonha,
esses pobres sem futuro,
essa emigração medonha,
e a tristeza uma peçonha
envenenando o ar puro.

Qual a cor da liberdade?
É verde, verde e vermelha.

Essas guerras de além-mar
gastando as armas e a gente,
esse morrer e matar
sem sinal de se acabar
por política demente.

Qual a cor da liberdade?
É verde, verde e vermelha.

Esse perder-se no mundo
o nome de Portugal,
essa amargura sem fundo,
só miséria sem segundo,
só desespero fatal.

Qual a cor da liberdade?
É verde, verde e vermelha.

Quase, quase cinquenta anos
durou esta eternidade,
numa sombra de gusanos
e em negócios de ciganos,
entre mentira e maldade.

Qual a cor da liberdade?
É verde, verde e vermelha.

Saem tanques para a rua,
sai o povo logo atrás:
estala enfim, altiva e nua,
com força que não recua,
a verdade mais veraz.

Qual a cor da liberdade?
É verde, verde e vermelha.

SANTA BARBARA, 26 [28?]/4/1974

[2] Ver o poema "Quem a tem...", do livro *Fidelidade*, aqui antologiado.

"MORREU DOM FUAS..."

Morreu Dom Fuas, gato meu sete anos,
pomposo, realengo, solene, quase inacessível,
na sua elegância desdenhosa de angorá gigante,
cendrado e branco, de opulento pêlo,
e cauda com pluma de elmo legendário.

Contudo, às suas horas, e quando acontecia
que parava em casa mais que por comer
ou visitar-nos condescentemente como
a Duquesa de Guermantes recebendo Swann,
tinha instantes de ternura toda abraços,
que logo interrompia retornando
aos seus paços de império, ao seu olhar ducal.

Nunca reconheceu nenhuma outra existência
de gato que não ele nesta casa. Os mais
todos se retiravam para que ele passasse
ou para que ele comesse, eles ficando
ao longe contemplando a majestade
que jamais miou para pedir que fosse.

Andava adoentado, encrenca sobre encrenca,
e via-se no corpo e no opulento pêlo,
como no ar da cabeça quanta humilhação
o sofrimento impunha a tanto orgulho imenso.
Por fim, foi internado americanamente,
no hospital do veterinário. E lá,
por notícia telefónica, sozinho, solitário,
como qualquer humano aqui, sabemos que morreu.

A única diferença, e é melhor assim,
em tão terror ambiente de ser-se o animal que morre
foi não vê-lo mais. Porque ou nós morremos,
como dantes se morria em público,
a família toda, ou toda a corte à volta, ou
é melhor que se não veja no rosto de qualquer
– mesmo ou sobretudo no de um gato que era tão
                        [orgulhoso em vida –
não só a marca desse morrer sozinho de que se morre sempre
mesmo que o mundo inteiro faça companhia,
mas de outra solidão tecnocrata, higiénica
que nos suprime transformados em
amável voz profissional de uma secretária solícita.

Dom Fuas, tu morreste. Não direi
que a terra te seja leve, porque é mais que certo
não teres sequer ter tido o privilégio
de dormir para sempre na terra que escavavas
com arte cuidadosa para nela pores
as fezes de existir que tão bem tapavas,
como gato educado e nobre natural.
Nestes anos de tanta morte à minha volta,
também a tua conta. Nenhum mais
terá o teu nome como outros tantos gatos
antes de ti foram já Dom Fuas.

18/12/1977

AVISO A CARDÍACOS E OUTRAS PESSOAS
ATACADAS DE SEMELHANTES MALES[3]

Se acaso um dia o raio que te parta
(enfim obedecendo às fervorosas preces
dos teus muitos amigos e inimigos),
baixa de repente gigantesco
e fulminante sobre ti, e mesmo se repete:
e não te quebra todo, e como desasado,
ou quem morto regressa à sobrevida,
tu sobrevives, resistes e persistes,
em estar vivo (ainda que à espera sempre
de novo raio que te parta em cacos) –
– tem cuidado, cuidado! Arma-te bem
não tanto contra o raio mas principalmente
contra tudo e todos. Sobretudo estes.
Ou sejam todos quantos pavoneiam
o consolo inocente de pensar que a morte
não os tocou nem tocará jamais.
Que não há ninguém por mais que te ame,
ou por mais que seja teu amigo (e,
com o tempo, os amigos, mais que as criaturas
fiel ou infielmente bem-amadas, gastam-se),
que te perdoe que tu não tenhas estourado,
no momento em que se soube que estouravas.
É uma "partida" (ou um "regresso" sem piada nenhuma)
absolutamente e aterradoramente inaceitável,
humanamente e vitalmente imperdoável.

Pelo que, sobrevivendo, pagarás, como se diz,
com língua de palmo. Se és um pobretana,
solitário, abandonado, entregue aos teus fantasmas
que são um palpitar, um estertor, uma opressão no peito,
uma tontura, um como que silêncio negro,
podes estar certo e seguro que nem amigo nem amante,
está livre de ocupações prementes para te acudir.
Uma que outra vez apenas, para alívio,
dos borborigmas morais dos seus estômagos,
irão visitar-te carinhosos. Outros
tentarão acudir-te, ajudar-te, como podem,
e quando em desespero tu reclamas.
Não contes com mais nada senão morte.
Se tens família, amando-te sem dúvida,
inteiramente dedicada a ti que seja ou é,
não penses que não és constante imagem
sem desculpa alguma de andar pela casa,
um pouco vacilante, às vezes suplicando
uma pílula, alguma companhia, ou mesmo atrevendo-te,
a fazer referências tidas de mau gosto
à espada que para onde vás segue suspensa
sobre a tua cabeça. Porque ninguém, ninguém,
até contraditoriamente porque te amam,
suportam que não sejas quem tu eras,
mas só morte adiada, o que é diverso

do horror de um cancro que não se sabe
quando matará mas é criatura de respeito,
crescendo em ti como se estiveras grávido.
Assim, meu caro, com coração desfeito
sem metáfora alguma, és apenas uma
indecorosa e miserável chatice.
Portanto, irmãos humanos, se estourais,
estourai, por uma vez aliviando
quem vos quer ou não quer por uma vez.

19/3/1978

---

[3] Último poema escrito por Jorge de Sena.

Sequências
—
1980

RAY CHARLES

Cego e negro, quem mais americano?
Com drogas, mulheres e pederastas,
a esposa e os filhos, rouco e gutural
canta em grasnidos suaves pelo mundo
a doce escravidão do dólar e da vida.

Na voz, há o sangue de presidentes assassinados,
as bofetadas e o chicote, os desembarques
de «marines» na China e no Caribe, a Aliança
para o Progresso da Coreia e do Viet-Nam,
e o plasma sanguíneo com etiquetas de *black* e *white*
por causa das confusões.
E há as Filhas da Liberdade, todas virgens e córneas,
de lunetas. E o assalto ao México e às Filipinas,
e a mística do povo eleito por Jeová e por Calvino
para instituir o Fundo Monetário dos brancos e dos louros,
a cadeira eléctrica, e a câmara de gás. Será que ele sabe?

Os corais melosos e castrados titirilam contracantos
ao canto que ele canta em sábias agonias
aprendidas pelos avós ao peso do algodão.
É cego como todos os que cegaram nas notícias da *United Press*,
nos programas de televisão, nos filmes de Holywood,
nos discursos dos políticos cheirando a Aqua Velva e a petróleo,
nos relatórios das comissões parlamentares de inquérito,
e da CIA, do FBI, ou da polícia de Dallas.
E é negro por fora como isso por dentro.

Cego negro, uivando ricamente
(enquanto as cidades ardem e os «snipers» crepitam)
sob a chuva de dólares e drogas
as dores da vida ao som da bateria,
quem mais americano?

15/3/1964

Visão
perpétua
— 1982

O DESEJADO TÚMULO

Numa azinhaga escura de arrabalde
haveis de sepultar-me. Que o meu túmulo
seja o lugar escuso para encontros.
Que o jovem desesperado e solitário
vagueando venha masturbar-se ali;
que o namorado sem um quarto aonde
leve ao castigo a namorada, a traga
e a force e a viole sobre a minha tumba;
que o invertido venha ajoelhar-se
à beira dela ante quem esperma vende,
ou deite abaixo as calças e se entregue,
as mãos buscando apoio nessa pedra.
Que bandos de malandros ali tragam
a rapariga que raptaram, e
a deixem lá estendida a escorrer sangue.
Que as prostitutas reles, piolhosas,
na laje pinguem corrimentos quando
a pobres velhos se venderam lá.

E que as crianças que brincando venham
jogar à minha volta, sem pisar nos cantos
a trampa mais cheirosa do que a morte
e que é memória humana de azinhagas,
ali descubram, mal adivinhando,
as nódoas secas do que foi violência,
ou foi desejo ou o que se chama vício
e as lavem rindo com seu mijo quente
a rechinar na pedra que me cobre
(e regressem um dia a repeti-las).

25/12/1970

"QUANDO HÁ TRINTA ANOS…"

Quando há trinta anos comecei a publicar,
tentaram assassinar-me com o hermetismo.
Depois, quando se soube que eu sabia inglês,
com insinuações de que eu copiava o Eliot.
A seguir, como eu fazia crítica, tentaram
uma outra táctica: a de louvar-me
a crítica para diminuir a poesia
ou vice-versa. Quando publiquei Pessoa,
passei a ser discípulo do Pessoa. Mas,
logo que foi público que eu estudava o Camões,
a crítica logo notou a camonidade dos meus versos.
Já fui mesmo dado como discípulo
do Padre José Agostinho de Macedo.
E sou clássico, barroco, romântico,
discursivo, surrealista, anti-surrealista,
obnóxio, católico, comunista,
conforme as raivas de cada um.
Tem havido também outros jogos: por exemplo,
convidar – com êxito – os meus amigos
a colaborar nas revistas a que me não convidam,
suprimir-me em antologias ou referências,
ou só incluir-me nelas com discretos insultos.
Como nada disto funcionava, aplicaram
o tratamento do silêncio, só quebrado
por alguns palhaços demasiado ingénuos nas suas fúrias.

Também não deu resultado. Então
vieram das Casbahs ordens expressas
para um ataque geral. Todos os meus amigos
e admiradores estão compungidíssimos,
mas nenhum se atreve a abrir a boca,
tal é o medo que têm à galfarraria à solta.
Já vi desfeito em baba de doença
o primeiro crítico, o do hermetismo,
que não era má pessoa. Os outros
é fácil saber em que hão-de acabar,
se não os vir, como já vi alguns,
transformarem-se com o tempo em meus
amigos e admiradores, ou em altos funcionários,
distraídos felizmente do exercício das letras.
Não é propriamente que eu seja a caravana
e aquela tropa os cães das gerações.
Oh não. Nem eu camelo, nem eles só cães.
Siamo tutti portoghesi, tutti portoghesi –
– n'est-ce pas (na língua nacional dos litras)?

14/12/1971

"TAL COMO TANTOS VERSOS..."

Tal como tantos versos eu julgava esplêndidos
que hoje me soam vácuos e vazios,
músicas há me soando a ruído apenas
que outrora me enlevavam de sentidos fundos.

Pequena na distância temporal se foi
uma alegria de encontrar-me noutros sons?
Ou meu desejo de estar vivo acrescentava
ao nada entretecido o que não tinha em si?

Não é sequer por dúvida a pergunta dupla,
pois cada parte dela à outra me responde.
Que o belo é desejá-lo no que pode sê-lo,
e nem de perto ou longe uma verdade esconde.

SANTA BARBARA, 21/3/1974

Evocação de Jorge de Sena

EDUARDO LOURENÇO

Por que entristeço ao ler o que
de meus versos escrevem,
se não é de mim que escrevem?
POST-SCRIPTUM, 1963

Na esteira da evocação de dois autores ou antes, de dois textos que se inscrevem numa espécie de solidão literária, apetece-me evocar aqui um outro isolado, mas um isolado que se torna cada vez mais figura de proa de nossa cultura nesta segunda metade do século XX. Refiro-me, claro está, a Jorge de Sena. Meu texto devia intitular-se "situação de Jorge de Sena" mas já não ouso infligi-lo aos que me leem tanto o sinto a tal ponto inadequado e abstrato em relação a um autor para quem tudo o que concerne à literatura nunca foi objeto de um olhar perdido, mas de uma luta encarniçada com seu próprio ser e com o próprio ser da literatura.

Apesar de sua reputação cada vez maior de grande poeta e de grande escritor, Jorge de Sena ainda não suscitou aquilo que se poderia chamar de "seu discurso oficial". Talvez porque ficamos todos tomados de uma espécie de pânico diante da ideia de dever articular, numa "imagem crítica" ou numa visão coerente, a massa enorme de textos – poesia, conto, romance, teatro, crítica literária, ensaios de temas variados – que constitui a obra de Jorge de Sena. A massa, mas também o "tom" de toda essa obra, tom discernível entre todos, preciso e desmesurado ao mesmo tempo, cheio de lucidez e de furor, impetuoso, indiferente às paixões e às contradições que provoca. Considerando essa massa imensa, vem-me ao espírito um dos mais belos versos de Saint John-Perse: "*on m'appelait l'Obscur, car mon propos était la mer*". Falar de Jorge de Sena é assumir o risco de uma travessia oceânica, de um mundo à primeira vista indomável e sem limites, desprovido de um centro em torno do qual pudéssemos serenamente gozar as delícias da contemplação. É para uma luta que ele nos convoca, é um desafio que ele nos lança e se não aceitarmos a proposta ficaremos, de saída, fora de seu universo. Mas uma outra razão me impede ainda de interpor entre vós e mim um "texto sobre Jorge de Sena". Nós não fomos apenas contemporâneos, fomos sobretudo amigos, trocamos cartas e só a distância, que diversamente nos afastou da mesma pátria, impediu que essa amizade se tornasse, talvez, algo de mais vivido e de mais íntimo. De qualquer modo, não posso falar de Jorge de Sena como de uma realidade cultural "objetiva" qualquer, pois o autor e o homem são um só na minha memória. Só posso falar dele em voz alta, como se ele estivesse presente, sem que isso me imponha qualquer espécie de censura, mesmo velada, porque, coisa rara, é a própria *natureza* da obra e da atitude humana e cultural de Jorge de Sena que mo interdizem. Sua obra se apresenta logo de partida como recusa de toda complacência, não somente por seu lado provocador, mas também por essa espécie de vontade de não ser "agradável" ou de não estar à espera de um olhar indulgente. Ao contrário, ela parece tomada por uma exasperação permanente, em luta com o mundo, sempre em crise com as formas de conforto intelectual, ético ou ideológico típicos de nossa vida cultural nos anos 40, anos de sua afirmação pública. Por isso é tão difícil "situar" Jorge de Sena no panorama habitual de sua própria contemporaneidade. Ele próprio, nas raras ocasiões em que o tentou, só o fez atribuindo-se um conjunto de intenções aparentemente contraditórias, ligadas entre si pela vontade criadora e pela consciência exacerbada dessas mesmas contradições. Suas observações visavam tão somente ao poeta e à sua poesia, mas o espírito que as anima pode bem se estender a toda a sua obra: "Se minha poesia representa qualquer coisa, ela representa meu desejo de independência em relação à poesia social; um desejo de comprometimento humano da poesia pura; um desejo de expressão lapidar, clássica, da liberação surrealista; uma vontade de destruir pelo tumulto insólito das imagens toda descrição ultrapassada (assim a lógica hegeliana deve-se sobrepor à aristotélica, uma moral sociologicamente esclarecida à moral de tabus legalistas); e sobretudo uma vontade de exprimir o que entende por dignidade humana – uma fidelidade à responsabilidade de estar no mundo".

Simples ecletismo? Decisão por demais voluntarista de estar no centro das oposições e dos conflitos que constituíam então a trama da cultura ocidental? O propósito de Jorge de Sena sempre se quis "omni compreensivo", universalista, mas nos enganaríamos ao imaginá-lo como puramente acumulativo, como um catálogo veemente dos sonhos ou dos obstáculos que definiam, lá pela metade do século, o mais humanista projeto de nossa civilização.

Talvez a obra de Jorge de Sena, homem de uma cultura de múltiplos interesses, leitor insaciável e de uma memória prodigiosa, se apresente de início sob esse aspecto de cruzamento de todos os movimentos, desejos, problemas, que na ordem da criação eram típicos de seu tempo. Mas o que o distingue, é que sua obra não é nunca o "eco" passivo dessas paixões culturais ou comprometimentos ideológicos, mas o lugar onde eles se encontram e se enlaçam, onde eles estão submetidos à sua vontade poética entendida como processo acusatório do mundo e da própria cultura. Há em Jorge de Sena qualquer coisa que pode lembrar Artaud ou talvez Céline, mas menos ferido que o primeiro, menos esfolado vivo que o segundo. Ao menos na primeira parte de sua obra, pois à medida que ela se desenvolve e sobretudo perto do fim, sua raiva contra o simulacro que lhe parece ser cada vez mais o mundo da cultura irá arrancar-lhe confissões e gestos que não fazem inveja à violência de Céline nem ao grito irado de Artaud. Devemos pois nos resignar, de um ponto de vista estritamente histórico-cultural, a considerá-lo "inclassificável"? À primeira vista parece que poderíamos ver nele um modernista ou talvez, como em outros companheiros de sua geração – Ruy Cinatti, José Blanc de Portugal –, um autor que se encontra na movência geral do Modernismo português. Vindo imediatamente após aquilo que alguns, e ele próprio, chamam de Segundo Modernismo, Jorge de Sena foi um dos primeiros e dos mais lúcidos comentadores e críticos do Modernismo em geral. Seus estudos sobre Pessoa são bastante conhecidos, assim como sua participação na promoção desse poeta. Contudo Jorge de Sena não é um *modernista*, nem por sua situação, nem por sua atitude. Será ainda menos um *presencista*, preocupado com o eu e seus meandros interiores, mesmo se de início costeou essa geração e manteve com o mais "moderno" de seus representantes, Casais Monteiro, relações intelectuais privilegiadas. Mas pode-se dizer que Jorge de Sena nasceu poética e culturalmente *adulto*. O Jorge de Sena que aparece em público (1942) já não é mais o "discípulo" de ninguém, mas é, como o será sempre, e cada vez em mais profundidade, o interlocutor excepcional da *memória poética* do Ocidente. O futuro tradutor de alguns dos maiores poetas do Ocidente, o autor de *Poesia de 26 séculos*, criou muito cedo seu próprio espaço, próximo pela cronologia do que foi desenhado pelo nosso Modernismo com sua consciência crítica do ato poético, mas excedendo-o através de urna concepção da prática poética, menos lúdica.

Jorge de Sena é realmente contemporâneo da poesia e da hegemonia cultural, ao menos aparente, do *neorrealismo*. Trava com a visão de mundo que serve de referência ao neorrealismo, isto é, a filosofia de Marx, um diálogo que nunca cessará, mas sua poesia, mesmo a mais "engajada" não terá o tom, nem a finalidade confessada da poesia neorrealista. Do "neorrealismo" ele conservará a exigência crítica de um mundo socialmente injusto mas com muitas ilusões sobre a utopia destinada a curá-lo de seu mal histórico. A poesia de Jorge de Sena nunca será "coral", mas ferozmente pessoal, mesmo em seu propósito anti-individualista. Não há nenhum tema mais constante e veemente em sua obra que o da "liberdade", entendida como forma suprema da "dignidade humana", sempre e por toda a parte, achincalhada. Alguns de seus mais célebres poemas, "Uma pequenina luz" ou "Carta a meus filhos sobre os fuzilamentos de Goya" traduzem com uma força inigualável esse imperativo, indistintamente de ordem poética, ideológica e ética. Mas a forma suprema dessa liberdade é a da própria poesia.

Nascido em 1919, morto em 1978. Jorge de Sena pôde viver, em sentido próprio e figurado, esses três quartos de século que foram, em tantos planos, uma prova permanente para esse imperativo de liberdade inscrito na sua consciência de cidadão e de poeta. No que se refere à poesia, ele teve que evitar a armadilha de todos os que, a diversos títulos, se queriam os arautos dessa liberdade e que muitas vezes não eram senão vozes prosternadas diante de novos ídolos. O exemplo da liberdade e da liberação, ele o encontrará na descoberta e no conhecimento íntimo da aventura surrealista que ele não seguirá como uma nova religião ou moda cultural, mas cujo impacto, que confortava sua própria pulsão anticonformista e seu gosto pela subversão de uma sensibilidade pequeno-burguesa, convencional e temerosa, ele soube perceber. Poderíamos lembrar ainda que seus anos de maturidade coincidem com a radiação brilhante dessa forma de pensamento que conhecemos pelo nome de "existencialismo". De todos esses horizontes Jorge de Sena recebeu incitações ou desafios, mas nós não o veremos jamais prisioneiro ou ainda menos escravo da moda cultural. Talvez o mais difícil tenha sido escapar à presença profunda e à hegemonia poética e cultural representada pelo fenômeno-Pessoa, não como "moda" ou "modelo" poético, mas como lugar ideal da inquietação profunda que a cultura contemporânea exprimia através dele. A "poética" de Pessoa não deixou traços marcantes em Jorge de Sena. Por outro lado, sua visão de mundo questionadora da realidade e de sua representação não lhe poderia ser indiferente. Ninguém mais do que ele e Casais Monteiro levou a sério esse questionamento da imagem do mundo, próprio da visão de Pessoa. Ninguém, tanto quanto Jorge de Sena, alterou e transfigurou essa herança, a ponto de tornar-se pouco a pouco uma espécie de anti-Pessoa, na medida em que a inspiração mais profunda de seu imaginário, permanecendo crítica da realidade, recusa o horizonte simbolista e a poética da ausência característicos do autor de "Tabacaria".

Ao contrário de Pessoa, Jorge de Sena foi sempre, não somente o poeta para quem o *mundo existe* – mesmo como uma realidade aterradora –, mas um poeta para quem *só esse mundo existe*. Não há para ela outros mundos ou mundos anteriores como para Pessoa. O que foi para Pessoa uma ficção sob o nome de Alberto Caeiro, através das mediações tutelares de Whitman e de Nietzsche, foi sempre, para o engenheiro Jorge de Sena, *uma evidência*. Seus sofrimentos, suas alegrias, suas imprecações se situam sempre no interior do nosso mundo e em função dele, e, se lhe acontece sentir-se "exilado", não será nunca no sentido metafísico ou ontológico próprio a Pessoa, mas no sentido imediato da separação daquilo que lhe deveria pertencer, pátria ou humanidade:

> no exílio sempre, mais fiel ao mundo,
> já que de outro nenhum morro exilado;
> porque não espero, do meu poço fundo,
> olhar o céu e ver mais que azulado
> esse ar que ainda respiro, esse ar imundo
> por quantos que me ignoram respirado;
>
> porque não espero, espero contentado.

Despertado, como toda sua geração, pela guerra da Espanha, pela escalada do fascismo e do totalitarismo, confrontado com os movimentos poderosos da História que se chamaram Segunda Guerra Mundial, Hiroshima, Guerra Fria, Coréia, Vietnam, Jorge de Sena fez-se sempre atento a essas realidades incontornáveis, sua poesia deu conta disso, pois nesse plano e no plano pessoal, ele se quis ostensivamente "poeta da circunstância", fosse no sentido de Goethe ou no de Ortega, análogos por sinal. Mas de todas essas "circunstâncias", a que alimenta em profundidade sua visão poética é a do nosso país, não apenas nem principalmente em termos de realidade histórica, mas como vida quotidiana e realidade cultural afogada num manto espesso de conformismo beato, ao mesmo tempo religioso, intelectual, ideológico, moral, verdadeiro abafador do qual só a poesia – uma certa poesia – e a sua, em primeiro lugar, podia romper o silêncio quase feliz. Mas essa luz podia, por sua vez, tornar-se um álibi, jogo mais ou menos tolerado, sobretudo em suas formas aparentemente mais inesperadas, como as do surrealismo, fonte de subversão do conformismo nacional, talvez, mas excessivamente marginais para não serem relegadas ao domínio do puro jogo e, nessa medida, integradas ao sistema, contra sua própria vontade. Haverá sempre em Jorge de Sena uma desconfiança em relação ao "poético" enquanto "lírico", canto por demais encantador e por isso mesmo esquecido de sua função, tão mais necessária, de arma contra a *mentira* da imagem aceitável e aceita da condição humana. Antecipada por Casais Monteiro, essa suspeita em relação à própria Poesia e possivelmente o traço mais original da obra de Jorge de Sena, e tomará proporções cada vez maiores à medida que sua aventura pessoal se tornar mais complexa e mais dolorosa, confrontada não somente com o mundo confinado de nosso país mas com mais vastos horizontes de sua errância voluntária pelo Brasil e pelos Estados Unidos.

A transfiguração poética nunca pôde esconder de seus olhos certas experiências capitais da infância, sobretudo a de sua solidão de filho único, alvo dos dilaceramentos visionários de seus pais, evocados mais tarde com tanta crueza e ternura na bem conhecida narrativa do *Papagaio verde*. O mundo revelou-se desde cedo a seus olhos como pouco propício à idealização no tocante a ele próprio e aos outros. Não se creia, entretanto, que Jorge de Sena tenha tido uma infância ou uma adolescência "à moda de Dickens". Sua família o destina a uma brilhante carreira na marinha, carreira em que ele se lança após sérios estudos mas que é obrigado a abandonar contra sua vontade. Desse infortúnio, Jorge de Sena guardará sempre uma amargura incurável e um sentimento de revolta contra a sociedade e contra o mundo que lhe haviam cortado o sonho mais profundo, sonho de consideração e reconhecimento social, mas sobretudo sonho de liberdade de horizontes, de errância e desenraizamento de que só o mar lhe parecia o teatro ideal. Essa revolta íntima vai-se articular perfeitamente com o espírito de uma época em que a cultura e a literatura são também o palco de uma contestação praticamente sem limites, marcadas ambas por uma consciência aguda do *non-sense* de todo propósito ou projeto capaz de devolver ao homem o sentimento de um destino aceitável ou simplesmente inteligível. Contudo, ainda aqui, ele não será simplesmente o "medium" dessa experiência generalizada do nihilismo moderno que já encontrara em Pessoa uma expressão insuperável. Jorge de Sena não vai ceder a essa constatação de um mundo esvaziado de qualquer sentido transcendente, nem a essa face de uma realidade marcada pelo absurdo e pelo vazio. Seu enraizamento vital e sensual no mundo, seu apetite de realidade, sua curiosidade insaciável pelo destino particular ou geral dos homens são sempre mais fortes, nele, do que a crítica radical do mundo em suas formas idealistas de evasão ou de renúncia. A vida e a obra de Jorge de Sena têm um lado cavaleiresco, quixotesco, sob aparências contestatárias e amargas de imprecador e justiceiro. Ao fim e ao cabo, apesar da constatação da mentira e do *non-sense* do mundo tal qual é, ou tal como se tornou, Jorge de Sena sempre quis encontrar *um sentido* no interior e para além dessa universal ausência de sentido. E é nessa perspectiva que ele é ao mesmo tempo posteridade de Pessoa e anuncia ou é já a encarnação de um *anti*-Pessoa.

Porque eram tais sua natureza e seu gênio, porque ele possuía também um sentido infalível de sua originalidade e um conhecimento raro da história de nossa poesia, Jorge de Sena compreendeu que a exploração das terras de sonho que Pessoa realizara, ponto extremo de toda aventura simbolista, conduziria a um impasse. A recusa e a crítica do sentido do real tinham atingido seu limite. Já com o movimento de *Presença* um novo processo se iniciara, como uma espécie de reencarnação, de reencontros com o real – através da teatralização das relações do eu com o outro – reencontros que iriam tomar com o neorrealismo um aspecto quase insolente, por sua vontade de promover a realidade social como paradigma da verdadeira e única realidade humana digna de ser levada em conta pelo imaginário. Às perplexidades psicológicas e metafísicas da realidade do eu em relação a si mesmo e ao mundo, o neorrealismo, de modo voluntarista, opõe a missão de retribuir um sentido à História através da luta dos homens, da ciência, do trabalho, da solidariedade humana. Confrontado com todas essas heranças, ou conhecendo-as perfeitamente, Jorge de Sena vai retomá-las, refazê-las de uma outra maneira. Também ele é sensível à presença e à tensão da História, mas não no sentido em que a geração anterior e o movimento neorrealista as haviam assumido. Para Jorge de Sena a realidade humana, e antes de tudo a sua, são realidades indiscutíveis, mas essas realidades estão imperiosamente imbricadas no mundo e na História, indiscerníveis umas das outras. A verdade da História – ou o sonho de uma tal verdade – é a verdade do eu e de seu sonho, apesar do fato de ele não ignorar que essas duplas-verdades ou essa verdade-dupla não são espelhos da Verdade, no sentido transcendente ou imanente. Ele aprendeu da vida e de Pessoa que a *ausência* está inscrita como vazio em toda experiência humana, mesmo a mais plena de sentido como a do amor. Entretanto não aceitará, como Pessoa, a solução que consiste em se dissolver na pluralidade de verdades descentradas umas em relação às outras e, em última análise, na convicção de que o real é pura ilusão, pura ficção. Qual é pois o sentido de sua proposta e de sua visão?

Se não há *uma* Verdade – se não existe um sentido global para o destino humano excluído de toda Transcendência –, isso não significa que todas as experiências humanas devam ser remetidas a um puro *non sense*. Jorge de Sena foi demasiado sensível à agressão do mundo, à sua hipocrisia, ao triunfo da mentira como verdade, para ceder à tentação do puro niilismo. É a *não-verdade*, sob a forma de humilhação, de censura, de esmagamento ou de castração do desejo, que o atinge em primeira instância e é na luta contra um mundo escrito nessa linguagem de mentira que seu verbo poético se inventa no modo da acusação, da imprecação, do sarcasmo, a fim de reencontrar, para além dessa mentira, a liberdade, a respiração humana, a autenticidade e, sobretudo, a ternura desesperada ou o milagre do amor. Qualquer um de seus mais belos poemas exprime melhor do que eu o faria a dimensão desse combate em prol de um *sentido* que, apesar de não nos tornar o mundo inteligível, é, ao menos, capaz de no-lo tornar habitável e verdadeiramente "humano", em sua própria "in-humanidade":

É noite, eu sei. Mas como é tanta a noite
que nada resta humano entre os mortais?
Como tão negra e espessa, tão noturna
ainda se esconde em luz do sol e em estrelas,
ainda a atravessa, embora fluido, o mar?

Porquê e para quê, se nada somos,
se nada mais sonhamos de completo
amor que a tudo mova e nos refaça?

Morramos de estar mortos, esvaindo
em pura perda amor que não existe
entre anjos que não há e viventes
que como nós não vivem. Como pedras
sejamos, transmutáveis no destino
de ralos que matéria se transformam
na perda em espaço do passar do tempo.
Pedras amantes e nocturnas que
se chocam como seixos nas espumas

do mar que os lava. Mas se a humanidade
subitamente vier de tanta noite,
de outrem será que não do espelho negro
de humano se não ser entre os mortais.

Reencontramos sempre em Jorge de Sena – seja no plano da subjetividade, seja num plano mais genérico, como nesse grande movimento metafórico do *Requiem por um mundo perdido* – um sentido agudo da total solidão humana, redobrada pela recusa de sua inscrição definitiva na face da vida. Poderíamos mesmo falar de uma visão épica num mundo sem heróis. O único herói é o próprio poeta, herói sarcástico a tentar dar um "sentido" a uma realidade sem sentido e cuja chave o poeta não possui. Apenas o desmascaramento de nossas relações com o mundo e com os outros, apenas, sobretudo, a experiência absoluta de sua própria *nudez* salvaguarda a possibilidade de resgate ou, melhor, da descoberta de um "sentido" – precário, mas protegido contra a mentira que se tornou universal e contamina a própria poesia. Não há em nossa poesia uma luta mais encarniçada por essa nudez, esse despojamento de todas as ilusões consoladoras do lirismo tradicional, que a luta de Jorge de Sena. Esse despojamento se efetua entre duas experiências-limites: a do amor, mas um amor vivido como exigência de verdade cruel ("amo-te, não te amo mas é por isso que te amo") e a da morte, uma morte que não é mais, como muitas vezes em Pessoa, uma espécie de véu a esconder a verdadeira vida, mas a morte sem pintura, espelho sem complacência e resumo perfeito do destino humano. Não há em nossa poesia textos que lancem sobre a morte como nudez total um olhar tão pungente nem tão direto, única forma de atravessar seu espelho sem reflexo. Viver não é esquecer essa "presença", desde sempre inscrita no mais pequeno de nossos atos, mas olhá-la nos olhos, como um monge sem fé, por pura lucidez ou simplesmente para "tornar-se humano" em sua luz insustentável:

Eu creio que isto é a morte. Durará
ou muito ou pouco até o fim.
Mas é a morte me inundando fria,

Não crer em nada e temer tudo como
se um gesto ou dito perturbasse as águas
que leves e sombrias vão subindo.

Assim morreram todos:
mais cientes ou incientes do que eu,
mais surpreendidos, mais desapegados,
Ou sem tão desespero quanto eu sinto
que de o sentir já sentir me acabo.
Saíram todos: fiquei só em casa.

Contudo não é o vivido propriamente poético – ou o desafio cujo lugar é a poesia quando se transforma nesse olhar sobre a morte – que melhor resume a vontade e o gozo insustentável e salvador da *nudez*, de nossa verdade concebida como realidade e sonho ao mesmo tempo encarnados e insaciados, mas a *música*, nudez suprema e pura de nosso ser sitiado pela morte e em luta contra ela. Poesia tão ostensivamente discursiva, dialética, labiríntica, a poesia de Jorge de Sena atinge, talvez, sua expressão mais pura e mais elevada nesse corpo a corpo com o Silêncio que está no coração de toda música, onde a própria ausência da palavra diz mais que qualquer outra expressão essa miséria onde verdade e mentira, realidade e ficção, morte e vida perdem sua razão de ser. Em *Arte de Música*, evocando Mozart – seu *Requiem* –, Jorge de Sena nos lembra até que ponto essa Morte, tão ancorada em nós, só pertence à nossa essência como um horizonte no qual a vida se recorta, obstáculo que só uma música como a de Mozart parece ultrapassar para nos devolver aquilo que na miséria das palavras chamamos Eternidade:

> Ouço-te, ó música, subir aguda
> à convergente solidão gelada.
> Ouço-te, ó música, chegar desnuda
> ao vácuo centro, aonde, sustentada
> e da esférica treva rodeada,
> tu resplandeces e cintilas muda,
> Como o silente gesto, a mão espalmada
> por sobre a solidão que amante exsuda
> e lacrimosa escorre pelo espaço
> além de que só luz grita o pavor.
>
> [...]

Ó música da morte, ó vozes tantas
e tão agudas que o estertor se cala
[...]
Ó vida feita uma detida morte
Ó morte feita um inocente amor.

Só a música possui, para esse poeta amoroso e cru-
cificado pela prosa do mundo, para esse homem pouco
complacente para com o *pathos* romântico, esse poder
de exaltá-lo, de arrancar-lhe essas efusões de místico da
condição humana. Talvez nada resuma melhor a essência
de sua verdadeira "visão perpétua" que o final do poema
no qual evoca uma sinfonia de Brahms, simultaneamente
síntese de sua mais elevada poesia e da poética de que
ela é a expressão mais acabada, mistério exposto aqui
em plena luz:

Dulcíssima harmonia, sopro e gesto,
ouvida sem ser vista, e pressentida
no imprevisto da sequência firme
de um cálculo de pausas e alturas:
o mundo sem palavras, movimento imóvel,
frase destituída de sentido.
É isto a vida: algo que se ouviu
num timbre momentâneo e sobreposto
ao vácuo entre as palavras, para além
do sum e do sentido. Ó triunfal
dormência da verdade! Ó suspensão
de tudas as certezas! Ó fervor

tranquilo, infrene, ardentemente frio!
Ó trégua, ó paz, ó vitória sem vencidos!
Eu te saúdo como noite eterna
onde por sons se escreve que existimos.

Em uma de suas evocações de Mozart, Jorge de Sena se pergunta e nos pergunta: "Como a morte acabou, um dia, por levá-lo?" Quando se conheceu Jorge de Sena, sua veemência lírica feita carne, sua interpelação raivosa da vida e de si mesmo, sua familiaridade épica com tudo o que pertence à ordem da vida e dos sonhos mais desesperados, como acreditar que ele não esteja ainda entre nós, nesta sala, de pé, rodeado por sua lenda e longe ainda da solidão sem nome de onde nós o evocamos esta noite?

EDUARDO LOURENÇO

Nascido em 1923, é filósofo, professor, crítico e ensaísta literário português. Em 1995 e 1996 recebeu, respectivamente, os prêmios D. Dinis e Camões, e em 2005 o Centro de Estudos Ibéricos criou em sua homenagem o Prêmio Eduardo Lourenço, destinado a agraciar personalidades ou instituições com intervenções relevantes no campo da cultura, cidadania e cooperação Ibéricas. Recebeu ainda o Prêmio Pessoa no ano de 2011. Entre suas obras, destacam-se os livros *Pessoa revisitado* (1973), *Tempo e poesia* (1974) e *Labirinto da saudade: psicanálise mítica do destino português* (1978).